Baby-boom
blues

Francine Allard
Angèle Delaunois

Baby-boom
blues

Stanké

Données de catalogage avant publication (Canada)

Allard, Francine

  Baby-boom blues

  ISBN 2-7604-0564-8

  I. Allard, Francine - Correspondance.   2. Delaunois, Angèle - Correspondance.   3. Allard, Francine - Enfance et jeunesse.   4. Delaunois, Angèle - Enfance et jeunesse.   5. Écrivains canadiens-français - 20ᵉ siècle - Correspondance.   6. Écrivains canadiens-français - Québec (Province) - Correspondance.   I. Delaunois, Angèle.   II. Titre.

PS8551.L5474Z542 1997   C843'.54   C97-940137-2
PS9551.L5474Z542 1997
PQ3919.2.A44Z482 1997

Couverture : Alain Stanké (photo)
                 Standish Communications (conception graphique)
Infographie : Tecni-Chrome

Les éditions internationales Alain Stanké bénéficient du soutien financier du Conseil des Arts du Canada pour leur programme de publication.

ISBN 2-7604-0564-8

Dépôt légal : Bibliothèque nationale du Québec, 1997

Les éditions internationales Alain Stanké
1212, rue Saint-Mathieu
Montréal (Québec) H3H 2H7
Tél.: (514) 935-7452
Téléc.: (514) 931-1627

IMPRIMÉ AU QUÉBEC (CANADA)

à Michèle, qui ne l'a pas mérité.
F.A.

à Martine qui ne l'a pas volé !
A.D.

Il était deux fois

Deux continents,
Deux grandes villes francophones, deux banlieues,
Deux petites filles de l'après-guerre...

Qu'ont-elles en commun?

Qu'est-ce qui les sépare?

Nous nous sommes rencontrées au bout de quarante ans. Engagées toutes deux dans une carrière d'écrivain qui nous passionne et partageant des préoccupations et un quotidien semblables (enfants à élever, écoles à surveiller, manque de temps chronique, projets éparpillés, espoirs fous, convictions fatiguées...), nous n'avons pas tardé à échanger avec animation sur nos souvenirs d'enfance et à découvrir à quel point nos similitudes et nos différences pouvaient nous rapprocher.

Nous avons vite réalisé qu'avant six ans, nous ne possédions pas vraiment de souvenirs personnels, hormis ceux qui nous ont été racontés par la suite. Quelques images floues, certains flashs cristallisés autour d'un jouet, d'un sourire ou d'un événement précis... rien de vraiment très cohérent. Nos premiers souvenirs réels s'articulent autour de notre septième année. À cet âge, les petits et grands événements de nos jeunes vies ont imprégné notre mémoire d'images, d'odeurs et de sons beaucoup plus nets.

Nous avons délibérément choisi d'éviter la complexité tragico-comique de l'adolescence (une autre fois peut-être!) pour nous limiter à nos vies de fillettes de six à quatorze ans, synonymes d'ouvertures multiples au monde et de conquête de notre personnalité. C'est donc sur cette tranche d'âge que nous avons entamé notre dialogue... en vidant de nombreuses cafetières.

Beaucoup de similitudes entre nos deux vies de petites banlieusardes hésitant entre le «bien-faire» et le «défendu»! Mais tant de différences aussi, dues aux contextes politiques et religieux, à l'éducation familiale et scolaire, aux habitudes de vie et à l'environnement qui nous entouraient. Comment ordonner un tant soit peu logiquement le fouillis confus de nos mémoires afin de rendre cohérents les tableaux que nous voulions peindre?

En femmes pratiques, nous avons tout d'abord identifié des grands thèmes, communs à tous les humains: les parents, la maison, l'école, les amis, la maladie, la mort, la religion, l'éveil à la sexualité, etc. Puis, nous sommes allées à la pêche à l'anecdote afin d'avoir une base précise pour étayer notre récit. Toutes les enfances fourmillent d'événements qui ne demandent qu'à revivre une fois qu'on les a sollicités. Les nôtres se sont bousculés au portillon de notre mémoire, nous obligeant à une sélection rigoureuse.

Thèmes et anecdotes choisis, il ne nous restait plus qu'à déballer les couleurs de nos mots et à brosser les décors de nos enfances respectives et les contextes socio-économico-politiques dans lesquels elles avaient évolué. Ambitieux, n'est-ce-pas? Car c'est bien à une peinture d'époque que nous convions nos lecteurs, coulée dans les petits riens du quotidien, entre deux fous rires, deux ruelles et deux raclées.

Évidemment, nous nous devions d'échapper à tout prix au délire sénile, au radotage des souvenirs personnels. Notre aventure n'est en rien une thérapie! Métier de plume et pudeur obligent, nous nous sommes efforcées d'éviter les zones trop sensibles pour ne situer que les événements signifiants dans le contexte que nous voulions évoquer. Sans rancune, avec humour et tendresse, chacune avec sa parlure propre et ses tics d'écriture, nous nous sommes réappropriées notre enfance pour mieux la partager.

Est-il besoin d'une justification supplémentaire?

Cette démarche pourrait n'avoir d'intérêt que pour nous, bien sûr! Pourtant, toutes les personnes qui ont accepté de s'aventurer dans la lecture que nous vous proposons nous ont affirmé s'être trouvées immédiatement rebranchées sur leur propre enfance, par le biais des comparaisons et des réminiscences suscitées par nos textes. Re-voir, re-passer en mots ou en silences ses agissements, ré-entendre ses propres paroles, en ré-évaluer l'importance, re-vivre les moments les plus intenses, rire sans doute et peut-être pleurer... ces quelques souvenirs ne sont-ils pas une joyeuse nécessité dans notre monde de rationnalité et d'indifférence?

Essayez un peu pour voir!

Francine ALLARD
et Angèle DELAUNOIS

« Mais, au-delà des souvenirs, la maison natale est physiquement inscrite en nous. Elle est un groupe d'habitudes organiques. À vingt ans d'intervalle, malgré tous les escaliers anonymes, nous retrouverons les réflexes du « premier escalier », nous ne buterons pas sur telle marche un peu haute. Tout l'être de la maison se déploierait, fidèle à notre être. Nous pousserions la porte qui grince du même geste, nous irions sans lumière dans le lointain grenier.

La moindre des clenchettes est restée en nos mains. (...)

C'est sur le plan de la rêverie et non sur le plan des faits que l'enfance reste en nous vivante et poétiquement utile. »

La poétique de l'espace
Gaston Bachelard, PUF, 1957

Angèle

CHAPITRE 1

L'arrivée

Contrairement à toi, chère Francine, je n'ai pas connu la continuité d'une vie familiale et la sécurité affective qu'elle engendre. Pour raconter les choses clairement, je n'ai « réellement » rencontré ma mère qu'à l'âge de six ans et demi. Déracinée de ma Normandie natale, j'ai brusquement été plongée dans un univers inconnu où tout était étranger à mes références précédentes.

J'ai passé ma petite enfance au bord de la Manche, dans une petite ville balnéaire perdue au milieu des dunes et du foin de mer, à quelques kilomètres de Granville. Conçue dans l'euphorie de l'après-guerre, je suis arrivée comme un cheveu sur la soupe de ma mère. Elle était domestique chez les riches bourgeois de la côte et ne pouvait se permettre de pouponner un bébé dans sa chambre de bonne. Trois semaines après son accouchement, elle me confia donc à une nourrice et s'embarqua pour Paris où les gages offerts étaient plus élevés et lui permettaient de payer ma pension.

De mon père naturel, point de nouvelles ! Je possède son regard, paraît-il. C'est le seul cadeau dont je lui suis redevable, hormis la vie... mais celle-ci ne lui ayant pas coûté trop d'efforts, je ne me sens pas tenue à une gratitude de commande. Sans amertume, j'ai réglé cet accroc depuis si longtemps qu'il me semble actuellement concerner quelqu'un d'autre. Le regret de ne l'avoir jamais connu m'effleure quelquefois au passage, à peine le temps d'un battement de cœur.

Les parents nourriciers auxquels ma mère me confia frisaient déjà la soixantaine. Ils ont été mes véritables grands-parents. Ils avaient déjà élevé une trollée de morveux de mon espèce et, sans jamais avoir lu le Docteur Spock, ils possédaient une vaste expérience des petits enfants et un amour aussi immense que la mer dont les fureurs parvenaient jusqu'aux vitres de leur petite maison. Il était cheminot retraité ; elle était nourrice sèche patentée. Ils n'avaient jamais eu d'enfants à eux ; les petits des autres avaient comblé leur vide de tendresse. J'ai été leur dernier amour. Ils m'ont élevée comme une princesse et m'ont toujours donné l'impression que la terre n'avait jamais porté une petite merveille dans mon genre. La vie m'a appris, parfois avec brutalité, à tempérer cette assurance mais c'est de là que me vient toute ma confiance en moi. Je leur dois aussi cet optimisme obstiné qui me permet de retomber sur mes pieds, sans trop de casse, après chaque catastrophe. Je ne saurais jamais assez les remercier.

Ma mère ne m'avait pas abandonnée, mais ses quelques visites annuelles et les lettres plus ou moins régulières qu'elle m'envoyait n'avaient pas de réalité tangible dans mon univers d'enfant. Au bout de six ans, elle vint me chercher pour m'emmener vivre avec elle dans la capitale. N'ayant jamais renoncé à ses prérogatives sur moi, elle se sentait tout à fait en droit de me récupérer.

Depuis quelques mois, elle fréquentait un monsieur très bien. Alfred Delaunois était fonctionnaire à la Régie Autonome des Transports Parisiens (la R.A.T.P.). Il poinçonnait les tickets dans les autobus, était syndiqué et avait une retraite assurée à 55 ans. Pour ma mère, c'était la respectabilité tant convoitée. À cette époque, être fille-mère était une terrible tare, aussi bien pour la mère que pour l'enfant. Cet homme qui acceptait de l'épouser et d'adopter sa fille naturelle effaçait, en quelque sorte, sa faute originelle et lui rendait son honneur perdu. Elle se sentait d'autant plus privilégiée d'avoir dégoté cet homme que beaucoup de femmes de sa génération, épouses ou fiancées de soldats morts pour la patrie, étaient condamnées à vivre seules le reste de leur vie.

En plein mois d'août, elle débarqua donc sur mon bout de plage, entassa mes affaires dans une valise, me prit par la main et me fit grimper quasi de force dans le train de Granville. Ce déracinement est un des souvenirs les plus affreux de ma vie. Mes parents nourriciers pleuraient à chaudes larmes sur le quai de la gare. Moi je hurlais et me débattais comme si on m'écorchait vive. C'est d'ailleurs à peu près ce qu'on me faisait. Dans un tintamarre abominable, le train emporta une petite fille déchaînée et une jolie femme de trente ans, pas tellement rassurée, qui se demandait par quel abattis attraper cette furie inconnue afin de l'apprivoiser.

Le tortillard qui nous emportait vers Paris s'arrêtait à toutes les gares. En quatre heures de route, ma mère eut largement le temps de tenter quelques approches. Elle m'acheta des bonbons et me donna un accordéon de cartes postales représentant les monuments les plus célèbres de la capitale. Je tombai éperdue d'admiration devant la photo de la tour Eiffel, cette grande dentelle de fer si élégante à mes yeux. Lorsque nous débarquâmes sur le quai de la gare Saint-Lazare, j'avais encore tout du chaton écorché mais au moins, je ne pleurais plus. Ma mère avait réussi à me débarbouiller la figure et à refaire ma queue de cheval afin de me rendre à peu près présentable.

Luxe inouï destiné à m'amadouer et à souligner mon arrivée dans la grande ville, ma mère héla un taxi et lui demanda de faire un tour dans Paris afin de me montrer quelques points de vue célèbres de la Ville Lumière. C'est ainsi que je vis pour la première fois l'Arc de Triomphe, l'avenue des Champs-Élysées, la place de la Concorde, la fameuse tour Eiffel, le Louvre et l'Opéra. Moi qui n'étais jamais sortie de mon trou normand, inutile de te dire que ce fut tout un baptême.

Coup de foudre absolu: je n'avais pas assez d'yeux pour tout regarder. Cette ville était d'une magnificence magique. Il faisait un temps superbe. Des jets d'eau jouaient entre les massifs fleuris; des bouquets de drapeaux claquaient dans le ciel bleu; péniches et bateaux-mouches glissaient sur la Seine dans un incessant manège; les immeubles de pierres taillées étalaient leurs balcons sculptés sur plusieurs étages, les magasins regorgeaient de victuailles et de lumières; une foule colorée et pressée animait les rues... Paris retrouvait ses fastes après la noirceur de la guerre et les années de grisaille qui avaient suivi la Libération. J'avoue, oui, j'avoue... la séduction fut complète et irréversible: je regarde encore Paris avec mes yeux de six ans.

Il fallut vite revenir sur terre. Le compteur du taxi tournait: la visite royale ne dura que quelques instants. La voiture quitta le cœur de la ville et s'engagea dans des boulevards et des rues de moins en moins spectaculaires. Place Clichy, ma mère me montra l'imposant cinéma Gaumont-Pathé en me faisant la promesse formelle de m'y emmener bientôt. Nous descendîmes ensuite l'avenue de Clichy avant d'atterrir à la porte du même nom, une des étapes de la « Petite Ceinture », l'ancêtre du Boulevard périphérique actuel.

Le taxi fonça ensuite vers la banlieue, traversant Clichy dans toute sa longueur. De l'autre côté de la Seine, la place Voltaire aiguillait les véhicules vers différents itinéraires: tout droit, on allait vers La Courneuve, à gauche c'était Asnières, à droite Gennevilliers. Le taxi prit la droite et s'engouffra dans l'avenue des Grésillons. Quelques instants plus tard, le chauffeur obliqua vers la gauche et déboucha sur une petite place plantée de platanes. J'allais désormais habiter au numéro onze de la place Jaffeux.

À cette époque, Gennevilliers n'avait rien d'une banlieue résidentielle. Blottie dans une des boucles de la Seine, au nord-ouest de Paris, elle justifiait son existence en abritant les installations portuaires de la grande ville. Conséquence logique de la proximité d'une voie maritime utilisable toute l'année, bon nombre d'usines s'y étaient implantées. Autre évidence, les ouvriers qui faisaient tourner les usines avaient cherché à s'installer dans les environs immédiats.

Raffineries, usines de produits chimiques, industries pharmaceutiques, complexes sidérurgiques, fabriques de produits alimentaires... d'innombrables cheminées fleurissaient notre ciel de panaches multicolores et odorants. Nous baignions littéralement dans une pollution atmosphérique d'autant plus invraisemblable que personne n'avait encore songé à la réglementer d'une quelconque façon.

Au début des années cinquante, Gennevilliers ne possédait pas de véritable centre-ville. Les usines se partageaient d'imposantes surfaces bétonnées et clôturées, reliées entre elles par des terrains vagues immenses où pourrissaient des carcasses de voitures. Les grands axes routiers, sillonnés par les lignes d'autobus, étaient bordés de magasins d'alimentation et de petits commerces de détail. Des rues secondaires débouchaient sur ces grandes avenues et abritaient des îlots de maisons grises, construites à la hâte, sans souci du plus élémentaire confort. Quelques immeubles plus imposants dépassaient la masse des toits, ouvrant leurs fenêtres cachées sur de minuscules cours aveugles. De rares pavillons se glorifiaient d'un jardin grand comme un drap où quelques arbustes courageux s'entêtaient à verdir.

Un peu à l'écart de nos quartiers industrieux s'étalait comme une tache d'huile sale ce qu'on appelait alors « la Zone ». Bidonvilles perdus au milieu des terrains vagues, une infinité de petites baraques construites de bric et de broc abritait la foule anonyme des travailleurs étrangers, nord-africains pour la plupart. L'électricité et l'eau courante ne se rendaient pas jusque là. La Zone avait mauvaise réputation et on évitait de s'y aventurer, quelle que soit l'heure de la journée.

Gennevilliers était une banlieue ouvrière, pauvre et rouge qui votait massivement communiste à chaque élection. Bâtie dans l'urgence, elle se développait un peu anarchiquement en suivant les besoins d'une population en expansion. On y trouvait du travail et les loyers n'y étaient pas chers. Il y avait des écoles laïques, quelques églises, une mosquée, des marchés publics, des dispensaires pour les urgences, quelques parcs arrachés aux terrains vagues, une salle des fêtes, un grand projet de centre sportif... On pouvait donc parfaitement y vivre à condition de ne pas se montrer trop exigeant. Pour beaucoup, cette pauvreté était un évident progrès par rapport à la misère.

Évidemment, on était loin des luxuriantes lumières de Paris mais sa proximité géographique nous permettait d'en capter quelques étincelles. L'autobus et le métro nous conduisaient en moins d'une heure au cœur même de cette magie où les portes des musées et des théâtres étaient ouvertes à tous. Privilège rare qu'il fallait mériter et planifier de longue date, mais dont le mirage nous était constamment offert.

Voilà ! Telle était Gennevilliers-sur-Seine lorsque j'ai foulé pour la première fois le gravier de la place Jaffeux. Depuis, ce décor a évolué à une vitesse fulgurante. Ce jour-là, une maison inconnue m'attendait. Mon tout nouveau père piaffait d'impatience derrière la fenêtre. Un gros chien noir se précipita sur la grille de fer en aboyant lorsque ma mère agita la clochette de l'entrée. J'avais le cœur gros et la peur me rendait muette.

Francine

CHAPITRE 2

Verdun, ruelles et tourelles

Verdun est la petite sœur de Montréal. C'est elle qui m'a vu naître et grandir, puis la quitter doucement sur la pointe des pieds. Tu penses bien que mon attachement pour cette ville a une adresse : le 1021 du boulevard Brown.

En y retournant à l'occasion, je retrouve le plus merveilleux des tableaux. Les mêmes teintes de grisaille, les mêmes cordes à linge, les mêmes cours minuscules où certains ingénieux propriétaires ont, depuis, aménagé de larges balcons fleuris et de grandes portes vitrées.

Il y a vingt ans, je me rappelle, les gens n'affichaient pas leur adresse à l'arrière de leur logis. Ainsi, en marchant dans la ruelle, il était impossible d'identifier avec assurance le petit quatre pièces qui était le gardien de mes bonheurs d'enfant.

Après de nombreux incendies criminels dans les vieilles tourelles de bois vermoulu, la municipalité a exigé que les propriétaires apposent leur adresse bien en vue afin de faciliter l'intervention éventuelle des pompiers.

Lorsqu'enfin je passai dans la ruelle de mon enfance, et que je pus m'arrêter bien en face de la cour, j'eus un pincement à la poitrine.

Les pierres que mon père avait posées sur le petit sentier étaient encore là et j'aurais juré que la barrière et la clôture étaient encore celles où j'avais appuyé le bout du nez en essayant d'apercevoir pour la première fois mon amie Michèle. Le garage était tel que je l'avais laissé. La tôle ondulée était certes la même mais n'avait pas reçu de peinture depuis des siècles!

En écoutant bien, je croyais même entendre les sons jaillissant de tous les coins de cette petite rue étroite, qui recelait une vie d'une grande intensité. Mais surtout le bruit de la balançoire formée de deux câbles et d'une planchette de pin que mon père avait installée sous la poutrelle qui soutenait le hangar. Chaque fois que nous y posions les fesses, les deux anneaux grinçants émettaient de longues plaintes.

Si tu avais connu notre ruelle! C'est là que jouaient les enfants, l'été comme l'hiver. C'est là que se cueillaient les nouvelles, les ragots et commérages lorsque les mères étendaient, tous les lundis, les vêtements à sécher.

Cette journée de lavage obéissait à un rituel des plus étranges. En effet, les *ménagères* verdunoises risquaient leur réputation si l'étendage ne se faisait pas de bonne manière. Les débarbouillettes d'abord, puis les serviettes, toutes placées dans le même sens; les chaussettes par paire devaient toutes être dirigées du même côté, comme des soldats en parade, et les bas de laine, enfilés sur des formes de bois trouées. Les chemises, suspendues par la queue, séchaient de façon à faciliter le repassage.

En tout dernier lieu, si la dame en avait l'audace, elle suspendait caleçons et soutiens-gorge. Chez nous, ces dessous féminins pendaient impudiquement sur une barre, au-dessus du bain, ou encore sur la corde à linge improvisée que notre mère avait réclamée dans le passage. Cependant, les grands *Stanfield* de papa, les caleçons abusivement ornés de surpiqûres et les longues combinaisons molletonnées, gigotaient avec frénésie comme des gigueurs endiablés sans que personne n'y trouve à redire. Le sexisme n'était certes pas conscient à cette époque.

Tous les lundis matins, on pouvait entendre les bruits caractéristiques des poulies rouillées qui se lamentaient en chœur comme une chorale de criquets.

Vers onze heures, toutes les cours s'animaient comme de petits bistros fleuris et les vêtements battaient au vent comme des voilures.

Le boulevard Brown, comme la plupart des autres rues, alignait des centaines de logements quatre portes, tous agglutinés les uns aux autres, et pour se rendre dans la cour, il fallait passer par la maison ou faire le grand tour par les ruelles du bout, ce qui prenait au moins cinq minutes en patins à roulettes.

En y pensant bien, Verdun ressemblait à un grand échiquier.

Elle ne comportait qu'une demi-douzaine de grandes artères traversées par de longues rues droites et colorées, chaque propriétaire peinturant ses quatre portes selon son goût, sans prendre l'avis des locataires.

Cependant, les portes elles-mêmes étaient presque toutes du même modèle : massives et pleines, percées dans le haut de trois vitres minces ou encore d'une lune bien dessinée par laquelle le soleil hésitait à passer.

L'architecture était sobre ; il fallait aller dans l'est de Verdun pour voir apparaître des boiseries sculptées, des portes, des frontons et des corniches ouvragés. Dès la sixième avenue, on pouvait admirer des logements plus vastes avec des cimaises de chêne, des frises de plâtre travaillé, des moulures de bois gravé et des portes-fenêtres intérieures donnant sur un corridor au parquet à l'anglaise.

Dans l'ouest, du côté du Natatorium (qui était la piscine municipale), les façades, ornées de balcons suspendus pour les locataires du deuxième, étaient presque toutes faites de briques rouges. Les êtres étaient moins spacieux et l'architecture plus moderne. Pas de bois. Beaucoup de plâtre. Des arches de portes en forme d'escalier. Les constructeurs avaient dû entendre les protestations des *ménagères* qui s'étaient choquées contre l'entretien qu'exigeaient les boiseries et les lambris de pin, contre les toiles d'araignées qui s'étendaient d'une rosace de plâtre à une feuille d'acanthe au plafond. Ils ont bâti l'ouest de Verdun avec une gentille pensée pour la Verdunoise en voie d'affranchissement.

Verdun avait aussi son quartier cossu.

En bordure du fleuve, les maisons étaient tassées et comportaient souvent trois étages. Du côté du boulevard Champlain, le long de l'aqueduc, les cottages et les bungalows abritaient les familles riches de Verdun. Dans mes souvenirs, les rues Moffat et Beatty étaient les plus prestigieuses.

Mais, partout, les ruelles offraient un attrait capital dans notre vie d'enfants des années cinquante.

Je n'arrive pas à tout me rappeler.

Je ne me souviens pas du porteur de glace grâce à qui ma mère pouvait remplir le haut de la glacière. Je ne me rappelle pas non plus la sciure de bois sur le parquet fraîchement lavé. C'est ma mère qui me l'a raconté.

Par contre, je n'oublierai jamais le *crieur de légumes* qui s'égosillait vers le milieu de la matinée en présentant ses fruits et ses légumes frais. Comme une litanie, on entendait la voix chantante du vendeur marchant derrière le camion qui roulait au ralenti : «Des fraises, des tomates, des p'tites fèves!» Tous les enfants accouraient derrière lui pour attraper une fraise ou une carotte. Il se montrait parfois généreux surtout si leur mère avait récompensé ses ardeurs.

Je n'oublierai pas non plus le *guenillou* à qui ma mère confiait la plupart de nos vêtements usés, les vieux appareils électriques et les jouets cassés. Il était âgé et avait le visage sombre d'un pauvre homme qui ne connaissait pas les bienfaits du savon Camay, et il portait un chapeau tout aplati cachant son œil de vitre. Il nous terrifiait lorsqu'il dardait sur nous son regard triste.

Nous avions aussi, tu l'imagines bien, nos peurs et nos inquiétudes. La ruelle recelait des dangers certains.

Par exemple, nous redoutions le camion à *vidanges* ; cette grande bouche dégoulinante, qui avalait les ordures ménagères comme un monstre, nous rendait si craintifs que dès que nous l'entendions poindre au bout de la ruelle, nous courions nous réfugier chacun dans notre cour. Longtemps après qu'il fut passé, nous pouvions encore sentir son odeur nauséabonde. Les sacs de plastique vert n'existaient pas, et les détritus étaient jetés pêle-mêle dans des sacs de papier qu'on déposait dans des poubelles d'aluminium. Les éboueurs, tels des martyrs du progrès, vidaient les *corps de vidange* dans la gueule putride de leur camion et nous avions pour eux beaucoup de déférence.

L'hiver, dès que je percevais la présence de la souffleuse à neige, la pire des angoisses m'assaillait. Ma mère m'avait incitée à une extrême prudence. Cette croqueuse de bancs de neige, avait, paraît-il, avalé une petite voisine. Pendant longtemps, dès qu'ils l'entendaient, les plus jeunes couraient se cacher dans la maison. Cet engin infernal, surmonté d'un long cou articulé comme celui d'une outarde, crachait avec fracas la neige que les couteaux rotatifs lui donnaient à bouffer. Comme un dragon maléfique, il venait détruire les forts et les abris que nous avions confectionnés pour nos batailles de balles de neige.

Mais c'était notre ruelle. Notre terrain de jeux. C'était aussi la complice de nos premiers amours d'enfants.

Parce qu'il y avait les tourelles!

Ces sombres réduits qui permettaient aux locataires du haut de descendre dans la ruelle étaient prolongés par un hangar servant de lieu de rangement pour les châssis doubles, les chaises de jardin et les décorations de Noël.

C'est dans les tourelles que nous pouvions nous cacher pour pleurer ou pour faire des mystères.

C'est là que nous jouions au docteur, ce jeu tout à fait inoffensif que nous devions expier comme un péché en le racontant au prêtre au confessionnal. **Combien de fois et avec qui?**

C'est aussi dans l'une de ces tourelles que nous commettions notre premier *french kiss*. Et c'est là que nous enfermions les petits frères agaçants et le chat de la voisine parce qu'il venait enterrer ses crottes dans notre petit jardin.

Enfance heureuse à Verdun?

J'y pense bien souvent lorsque j'aperçois, du haut de l'autoroute, la dizaine de clochers des paroisses de Verdun. Notre-Dame-des-Sept-Douleurs, Notre-Dame Auxiliatrice, Notre-Dame de la Paix, Notre-Dame de Lourdes, Saint-Thomas Moore, Notre-Dame de la Garde, St-Willibrord... (avec tous ces saints, je t'entends déjà me traiter de cul-béni).

Et les écoles secondaires Richard et Margarita devenues des condos pour personnes âgées.

Plus rien n'existe lorsqu'on se plonge ainsi au cœur de si bons souvenirs.

L'année dernière, je suis passée sur la rue Wellington, là où se tissaient mes rêves d'adolescente et où se dépensaient mes petites allocations hebdomadaires. C'était bien avant les centres commerciaux. Bien avant les grosses entreprises qui ont fait peu à peu périr les petites.

Au coin de la rue Willibrord, où avait brillé la *Quincaillerie Allard* durant plus de quinze ans, il n'y a plus qu'un grand trou béant. Un incendie a rasé ce vieux bâtiment tout en bois et celui d'à côté pas plus tard que l'année dernière. Quelques commerces ont résisté à l'invasion des magasins de vente à rabais, mais ils sont si rares. Le niveau de vie a diminué. La platitude s'est installée.

La rue Wellington était la rue commerciale de Verdun. Dans les années soixante, il y régnait une atmosphère de gaieté indicible. Aux temps des Fêtes, il fallait marcher avec un civisme calculé pour ne pas se frapper aux nombreux magasineurs qui envahissaient littéralement « la toune », comme ils l'appelaient si gentiment.

Les adolescents s'agglutinaient au coin de la rue de L'Église et la police n'avait pas besoin de les faire circuler parce qu'à cette bienheureuse époque, la drogue n'existait pas à Verdun. En tout cas, moi, je n'en avais jamais entendu parler !

Seuls mes souvenirs peuvent me faire évoquer le magasin Gagnon et Frères, là où j'achetais mes blouses blanches et mes tuniques bleu marine pour l'école. Le « Quinze Cennes » où mon amie Michèle et moi allions déguster un « sandwich-aux-tomates-toasté-salade-mayonnaise-une-patate-frite-et-un-coke » pour un dollar, servi par un beau cuisinier aux yeux de velours qui flirtait avec les jeunes filles entre deux commandes. Ce furent là mes premiers contacts avec l'immigration : un dieu grec au prénom de Tony que nous allions encourager au *Quinze Cennes* !

Verdun ne s'étonne plus de rien à présent. Le grand nombre d'ethnies en a fait, comme Montréal, une ville cosmopolite où se mêlent turbans et djellabas, burnous et houppelandes bigarrées.

Je me suis promenée sur la rue Wellington. Et j'aurais voulu y rencontrer les mêmes visages, les mêmes magasins. (C'est vous, les Français, qui les avez surnommés des «boutiques»).

Ce qui constitue la douleur en même temps que la joie des souvenirs d'enfance, c'est d'imaginer que nous sommes redevenus petits et c'est de constater, en même temps, que tout a changé. J'ai marché de la Deuxième Avenue à la rue Strathmore.

Comme une étrangère au sein de mes propres souvenirs.

J'ai entendu encore la voix de Coco Lauzon au coin de la rue Church me crier : «Salut Francine !»

J'ai revu les commerces où j'entrais souvent. Tous partis. Remplacés par de quelconques marchands d'aubaines.

À nouveau, je me suis rappellée mon père. Il pestait sans cesse contre la dizaine de quincailleries concurrentes qui fourmillaient à Verdun. Un jour, il y avait eu le *Monmart* , le premier magasin à rayons qui vint affaiblir les petits commerçants. Puis *Pascal*, où papa n'a jamais voulu entrer parce que le gros *magasin de fer* était venu s'installer tout près de chez lui... et que dès 1968, les affaires étaient devenues difficiles.

Je suis passée devant *Pascal* : fermé lui aussi.

Papa disait : «Il y a tout de même une justice... parfois.»

Verdun-sur-Saint-Laurent ! Je lui remets ses habits d'antan. Pour qu'elle justifie ce que nous sommes tous devenus, les Verdunois de l'avant Expo universelle 1967... là où nous avons commencé à regarder le monde par l'autre bout de la lunette.

Angèle

CHAPITRE 3

Onze, place Jaffeux

La place Jaffeux était un îlot tranquille au milieu de la grisaille. Petite place rectangulaire entourée d'une rue asphaltée où la circulation était quasi inexistante, elle s'ouvrait presque à contrecœur sur l'animation de l'avenue des Grésillons. Elle mesurait une centaine de mètres de longueur au maximum. Tout au fond, le bureau des P.T.T. trônait majestueusement du haut de son perron à quatre marches. À gauche de la poste, l'Institut Armand Colin formait les garçons ayant leur Certificat d'études en leur faisant miroiter un C.A.P. en électricité ou en mécanique. Hormis l'immeuble à trois étages du plombier, Monsieur Lemaire, la Place pouvait se vanter d'une belle collection de pavillons bas, cachés derrière des grilles aveugles et des murs hérissés de tessons de bouteilles.

Terrain de jeu idéal, la Place était une vaste esplanade de terre battue, recouverte de gravillons. Elle a été transformée en parking au milieu des années soixante. Plantés à intervalles réguliers, des bancs de bois peints en vert servaient d'escale aux promeneurs de chiens, aux grands-mères fatiguées et aux enfants imaginatifs auxquels je n'allais pas tarder à me mêler. Une douzaine de platanes bordaient cette place des deux côtés : arbres magnifiques aux frondaisons taillées en boule, dont les troncs à l'écorce bicolore prenaient des allures de cartes géographiques insensées. La première fois que je les vis, en cette fin d'août 1953, ils étaient chargés de fruits en boules vertes et rugueuses de la grosseur d'une noix.

Je te disais donc que ma mère agita avec énergie la clochette qui pendait au bout d'une chaîne, au numéro onze.

La maison que j'allais habiter était cachée par un lourd portail de fer forgé rouillé à deux battants, dont le fronton aux prétentions artistiques se perdait en volutes sinueuses. Le bas du portail était constitué d'un solide assemblage de barreaux de fer, recouverts de plaques métalliques finies en pointes parfaitement étanches aux regards indiscrets. Un judas s'ouvrait de l'intérieur pour surveiller la rue.

En grinçant sur deux notes, *do-fa*, la porte s'ouvrait sur une cour cimentée. Sur la gauche, une petite maison basse, sur la droite un garage et un minuscule logement qui servait de pied-à-terre au propriétaire lorsqu'il venait encaisser ses loyers trimestriels. Face au portail, un escalier montait en spirale vers la droite, jusqu'au premier étage. À gauche de l'escalier une porte s'ouvrait sur les « Vécés » tandis que le dessous des marches abritait la réserve de charbon.

« Cathy, au pied ! » Le gros chien noir sauta sur la porte avec fureur. Je remarquai alors une petite plaque vissée sur la porte : « Attention, chien méchant ». Ça commençait bien ! Une énergique voix de femme rappela le bolide canin à l'ordre et une figure souriante apparut au judas. Mme Leprieur, la locataire de la petite maison basse, nous ouvrit la porte en retenant son fauve dont je m'écartais avec crainte.

Après les salutations d'usage, ma mère m'entraîna vers l'escalier. Fixée au mur, une longue boîte verte débordait de pois de senteur grimpants et de capucines. C'était le jardin suspendu de mon nouveau père.

Notre logement était situé au premier étage, au-dessus du garage, face à la maison basse des Leprieur et nos fenêtres ouvraient sur les tuiles roses de leur toit, de l'autre côté de la cour.

On entrait par la cuisine : trois pièces en enfilade mesurant au plus douze mètres carrés chacune. Crois-moi, c'était minuscule et il fallait une bonne dose d'ingéniosité pour caser l'espace vital de trois personnes là-dedans. De la cuisine on passait dans la salle de séjour et ensuite dans la chambre des parents. On avait établi mes quartiers dans la salle de séjour où un fauteuil-lit tout neuf m'attendait.

Le confort tel qu'il nous semble évident aujourd'hui y était inexistant. Juges-en par toi-même : pas de salle de bains, pas de toilettes, pas de téléphone, pas d'eau chaude, pas de télévision, pas de réfrigérateur, pas de chauffage central, pas de machine à laver ni de poêle, aucun gadget électrique. Toutes ces choses existaient, bien sûr, mais elles étaient inaccessibles à une grande frange de la population ouvrière et rurale.

Nous avions l'électricité et l'eau courante, ce n'était déjà pas si mal ! Ma mère cuisinait sur un Butagaz à deux feux, muni d'un petit fourneau, alimenté par des bonbonnes de gaz qui pesaient au moins trois tonnes chacune. Elle pourvoyait à nos besoins en eau chaude en faisant chanter sa « bouillotte » en alu sur le gaz. Inutile de te dire que ceux-ci étaient réduits à leur plus simple expression. On enfermait les aliments périssables dans un garde-manger grillagé suspendu dans le courant d'air du vasistas, au-dessus de la porte. Quelques mois après mon arrivée, le progrès entra dans la cuisine sous la forme d'une glacière carrée qu'on alimentait tous les deux ou trois jours de blocs de glace frais qu'un marchand ambulant annonçait dans la rue en s'égosillant.

Le chauffage de ce logement tenait à la fois du pur folklore et de l'audace suicidaire. On chauffait le plus tard possible. Certaines années douces, nous attendions jusqu'à la fin novembre avant de nous permettre une petite flambée nocturne. Afin de garder la chaleur dans la maison, les persiennes métalliques qui aveuglaient les fenêtres étaient fermées dès cinq heures du soir, tous rideaux tirés, et ma mère roulait une grosse serpillière humide sous le jour de la porte d'entrée.

L'instrument qui servait à nous chauffer était une salamandre, sorte de gros cylindre tapissé de briques réfractaires, recouvert d'une céramique brune et brillante. On l'alimentait par le haut mais une petite porte en mica permettait de régler le tirage et de recueillir les cendres. Ladite salamandre était une enthousiaste et une insatiable goinfre. À intervalles réguliers, nous la nourrissions de Coke (prononcer coque), c'est-à-dire de boulets de poussière de charbon agglomérée. En contrepartie, elle nous rendait un feu d'enfer et poussait au rouge incandescent le tuyau d'évacuation. C'était évidemment très dangereux. Elle était installée dans la salle de séjour mais le tuyau passait dans la chambre de mes parents, assurant un semblant de répartition de chaleur. Point de chauffage dans la cuisine, la porte de communication brassant tout de même un minimum de tiédeur.

Installée dans la salle de séjour, les pieds à moins d'un mètre de la salamandre, j'ai toujours dormi aux tropiques, bercée par le chuintement de la bouillotte que l'on plaçait dessus chaque soir. Par contre, mes parents, qui tenaient à dormir la porte fermée, comme tous les Français, devaient entasser sur leur lit d'invraisemblables épaisseurs de couvertures et un édredon de plumes. Ma mère couchait dans la ruelle, loin du tuyau chauffant. Les jours de grand froid, l'humidité se condensait en glaçons sur le plancher, à quelques centimètres de son lit. L'isolation thermique n'était encore qu'un concept.

Pour soulager nos besoins naturels, nous allions dehors, dans la petite cabane des «Vécés» mitoyens, emportant deux ou trois feuilles de papier hygiénique rugueux ou quelques carrés de journal. C'était la première fois que je voyais des «toilettes à pédales» et il me fallut un certain entraînement pour échapper à l'inévitable bain de pieds que les cataractes de la chasse d'eau déclenchaient. S'accroupir, les fesses à l'air, par temps de pluie ou petit gel frisquet... tu penses bien que personne ne s'attardait dans ce réduit d'aisances. Pour la nuit, nous avions un pot de chambre de secours dans la cuisine, mais nos vessies étant bien éduquées, nous nous en servions relativement peu.

Et la toilette, me diras-tu? Il est évident que nous n'avions pas les mêmes exigences d'hygiène que maintenant. Chaque matin j'avais droit à une débarbouillade de chat au gant de toilette et au savon de Marseille. Visage, cou, mains, jambes et bras lorsque c'était vraiment inévitable : on lavait ce qui était visible et c'est tout. Le reste attendait au samedi soir pour le grand décrassage hebdomadaire dans le baquet de zinc. Ce n'était pas une petite affaire que de remplir d'eau, raisonnablement chaude, ce vaste récipient où je pouvais m'asseoir à l'aise. Ma mère faisait bouillir de l'eau dans son fait-tout à pot-au-feu et dans sa lessiveuse à linge. Le petit Butagaz donnait tout ce qu'il avait dans le ventre. Inoubliable plaisir sensuel : m'asseoir enfin dans cette eau chaude et douce où le savon moussait en milliers de bulles qui éclataient à la surface en pellicule translucide et bleutée. Petit luxe du samedi, ma mère sortait le gros savon Palmolive qu'elle aimait et m'en frottait énergiquement tous les recoins du corps. Je respirais avec délices son odeur laiteuse qui persistait durant plusieurs jours dans le doux de mes bras. Décapée, étrillée avec soin, frictionnée à l'eau de Cologne, j'enfilais un pyjama propre et me refugiais dans mon lit pour lire tandis que ma mère profitait de mon eau encore chaude pour y faire ses propres ablutions.

Nos cheveux étaient lavés tous les quinze jours, ce qui démontrait une propreté très supérieure à la norme. Tu vas trouver ça incroyable mais, à cette époque, beaucoup de femmes ne se lavaient la tignasse que deux ou trois fois par année. Ma mère avait une recette infaillible pour garder les cheveux brillants et sains. Une demi-heure avant le shampoing, elle battait un œuf dans deux cuillérées de rhum et appliquait cette mixture sur mon cuir chevelu en imbibant toute ma chevelure. Le tout était enfermé hermétiquement dans une serviette éponge, maintenue par une épingle à linge. C'était froid et gluant mais ça marchait, je te jure ! Après un bon décrassage au shampoing Dop (aux œufs lui aussi), mes cheveux sortaient de ce traitement étonnamment vigoureux et bouclaient deux fois plus.

Nous nous brossions très rarement les dents. Dans la maison, il n'y avait qu'une seule brosse à dents déplumée pour trois. Après usage, nous pensions qu'il suffisait de l'agiter énergiquement dans le verre à dents pour qu'elle puisse servir à quelqu'un d'autre... mais nous n'en faisions pas une habitude, ce geste étant réservé aux occasions spéciales, sorties propres ou visites chez le médecin. Paradoxalement, nos dents étaient saines. Les bonbons presque inconnus et l'alimentation simple et équilibrée y étaient pour beaucoup. J'ai soigné ma première carie à dix-huit ans, quelques mois après mon départ de la maison.

Il n'y avait que le strict nécessaire dans ce logement mais c'était si petit que je garde le souvenir d'un espace encombré. La plupart des meubles avaient été achetés chez le brocanteur. Retapés et ripolinés de couleurs fraîches, ils ont connu une seconde carrière chez nous.

Mon espace à moi devait couvrir quatre mètres carrés au plus : mon lit que l'on pliait chaque matin pour dégager l'espace, un classeur en bois à porte accordéon pour ranger mes affaires d'école, mes crayons, ma gouache et quelques jouets, et trois planches suspendues au-dessus de mon lit par des tringles murales : ma bibliothèque. Tous les vêtements que nous possédions étaient rangés dans la chambre des parents, dans les tiroirs de l'armoire à glace ou dans la penderie suspendue au plafond.

Nous étions vraiment pauvres mais comme je ne connaissais rien d'autre, je n'en souffrais pas... j'ai même mis un certain temps avant de me rendre compte que cette simplicité frôlait le dénuement. Tout est affaire de comparaison, n'est-ce pas ?

J'ai très vite accepté ce nouvel environnement : la lumière entrait à flots par les fenêtres, les platanes diffusaient les chants d'oiseaux en stéréophonie, l'eau vive coulait en ruisseau continu dans les caniveaux de la rue, des enfants inconnus filaient comme des météores sur la place Jaffeux. Je n'avais plus qu'à me laisser apprivoiser par les personnages de mon décor. Mais ça, c'était une autre histoire !

CHAPITRE 4

Jacques et Yolande

Il m'est très difficile de te parler de mon père et de ma mère alors que leurs deux silhouettes vieillies habitent toujours mes petites semaines. Les tiens, tu me l'as déjà mentionné, sont morts depuis assez longtemps. Mais Jacques et Yolande, «mes vieux» comme je les appelle parfois (une influence bien française), sont bel et bien vivants et sont venus s'installer dans mon entourage. Je ne leur ai point demandé la permission pour te les présenter sous une forme littéraire.

Mes parents se sont rencontrés à une époque où mon père venait souvent rendre visite à Urbain, le frère de maman, qui était certes son copain le plus fidèle. Papa n'avait pas remarqué cette jeune fille de quinze ans qui le regardait avec amusement. Il n'avait pas été troublé par ses yeux noirs et sa chevelure de jais ni n'avait été impressionné par son sens de l'humour. Ce n'est que quelques années plus tard, que la petite Yolande, devenue une jeune femme, se mit à exercer sur Jacques un envoûtement peu commun. Il entreprit alors de lui faire une cour assidue sous l'œil mesquin de grand-mère Méricie qui ne se gênait point pour élever les enfants de sa fille Éva, ma grand-mère, étant donné que celle-ci lui en donnait l'occasion.

Pas de cinéma le soir, pas de longs moments sur le seuil de la porte, encore moins de danse le samedi soir! Méricie veillait!

Ils se fréquentèrent ainsi en présence de la famille durant quatre ans et il leur fallait beaucoup d'ingéniosité pour se ravir un baiser ou s'offrir une caresse sans que personne ne s'en aperçoive. Ils s'épousèrent en 1948 à Verdun. Ils n'eurent que trois enfants : moi, mon frère Normand et une petite sœur morte à l'accouchement que j'avais déjà baptisée Sylvie. Je te parlerai justement de cet épisode troublant de ma vie dans ce chapitre, si tu tiens jusque-là.

Maman était petite et elle l'est toujours. Du noir naturel conservé dans mes souvenirs les plus lointains, sa chevelure passa au roux discret qu'elle porte toujours.

Elle n'avait fait qu'une partie de sa neuvième année, et cela dans une école anglophone qu'elle quitta parce que « les petites Anglaises » se moquaient de son accent !

Et comme, à cette époque, le privilège des études n'était point dévolu à une jeune femme qui « allait laver des couches de toute façon », ma mère s'en alla travailler à la manufacture *Freeman and Stein Co.* du carré Philip où l'on cousait des robes pour dames. Elle est demeurée coupeuse de fil jusqu'à ce qu'une midinette laisse son emploi « pour cause de mariage ». Elle remplaça la jeune femme jusqu'en 1948 et se fit ensuite épouser à son tour.

Je la vois avec son tablier fleuri, arpentant notre petit quatre pièces entre sa machine à coudre et sa lessiveuse. Quand je songe à cette strate de ma petite enfance, c'est l'odorat qui m'envoie le plus de souvenirs : l'odeur de la soupe aux légumes du mardi, celle de l'eau javellisée du blanchissage ou encore les effluves parfumés qui s'échappaient de la salle de bains les soirs de sortie. Ma mère aimait beaucoup sortir.

Je la regardais se coiffer et appliquer son maquillage dans le petit miroir cerclé de bois peint. Je m'amusais de la voir grimacer pour ensuite se figer quelques secondes dans une pose de magazine en pressant ses lèvres rondes comme deux quartiers de limette. Elle était belle, ma mère. Et elle le savait.

Nous avions presque le même tempérament et combien de fois nous sommes-nous déchirées à propos de tout et de rien. Lorsque Yoyo n'arrivait plus à produire d'arguments, elle s'emmurait dans un long silence qui me torturait plus encore. Des heures, voire des jours entiers, elle ne m'adressait plus la parole. Je devais alors déployer une ardeur infinie pour mettre un terme à ce pénible intermède. Lentement, je la gagnais à ma cause. Enfin, maman et moi repartions à jacasser en mangeant à pleines cuillérées des arachides qu'elle plongeait dans un bol d'eau salée. C'était là un de mes moments préférés.

Elle ne parlait pas beaucoup des préoccupations de femme. La première fois qu'elle m'instruisit des choses qui regardaient ma féminité, ce fut en réponse à la question : « Que veut dire : le fruit de vos entrailles est béni ? »

(Aux communistes comme toi, on explique que cette phrase est extraite d'une prière, le *Je vous salue Marie*).

Après un long soupir, elle se lança dans une longue histoire enrobée de symboles que j'ai dû interpréter à ma façon. Je fus informée des menstruations le jour où les miennes se manifestèrent. Pour le reste, c'est-à-dire l'instruction sexuelle, ma mère me laissa entre les mains de mon amie Michèle qui m'entretint du sujet en le saupoudrant de toutes sortes de préjugés. C'est ainsi que je crus longtemps qu'en embrassant un garçon avec la langue, on devenait enceinte. Les deux perruches de Mme Laporte n'étaient-elles pas devenues parents en croisant le fer de leurs becs recourbés ?

Jamais je n'aurais demandé à ma mère de me démêler tout ça ! Elle vivait avec mon père une histoire passionnée de laquelle je me sentais résolument exclue.

Comme je suis née alors que ma mère venait tout juste d'avoir vingt ans, je crois qu'elle a longtemps joué à la poupée avec moi. Cependant, elle me tenait les cheveux coupés à la garçonne et je me suis souvent demandé pourquoi elle n'aimait pas s'amuser avec les longues boucles dorées, comme toutes les mères dans les livres de la Comtesse de Ségur. Plus tard, j'ai compris que mes cheveux avaient un lien profond avec ce fameux coq maudit qui s'acharnait à planter ses ergots dans les cheveux blonds de ma mère, lorsqu'elle coulait sa jeunesse à Saint-Rémi. En effet, dès qu'elle sortait dans la cour de la ferme, ce coq à la rémige agressive s'empressait de sauter sur l'amas de ses boucles blondes, qu'il prenait pour le nid douillet d'une de ses poulettes. Avisé, grand-père Edmond attrapa le coquelet par le cou et le lui tordit jusqu'à ce qu'il tournât de l'œil. Il porta le volatile occis à grand-mère qui le dépluma et le coucha illico dans une casserole de granit. Ma mère se passa de dessert puisqu'elle ne voulut point manger de viande ce soir-là !

Son père se moqua d'elle : « Serpent ! Tu devrais être contente, ma Yolande, d'avoir eu le dessus sur c'te maudit coq-là ! »

Cette aventure lui causa un tel traumatisme, j'imagine, qu'elle ne voulut pas que j'eus les cheveux longs. Elle disait toujours qu'elle me les faisait couper parce que je hurlais à chaque coup de brosse. Une explication dont j'ai longtemps douté jusqu'à ce que j'aie moi-même deux filles.

Yolande avait beaucoup de courage. Après un horrible accouchement au cours duquel les religieuses de l'hôpital Archambault de Verdun lui avaient attaché les jambes parce que le docteur Clément n'était pas à l'hôpital pour procéder à la délivrance, elle reçut entre ses mains tremblantes une enfant mort-née qui, jusqu'aux premières contractions, avait pourtant gigoté sans répit.

Le médecin, que mon père était allé quérir à son domicile, s'était bourré la gueule. Il avait été incapable de se rendre à l'hôpital pour délivrer la petite sœur que j'attendais avec tant d'impatience. Chaque jour, sur le ventre tendu de ma mère, j'avais écouté les impétueuses secousses. Tu imagines ma hâte de fillette de cinq ans.

Papa et moi avions choisi, pour la chambre que je devais partager avec le nouveau bébé, un jaune maïs qui contrastait joyeusement avec le vert tendre de la layette. Mon lit appuyé contre la fenêtre, je pourrais aller *subito presto* consoler cette poupée vivante qui remplacerait ma Lucie dont les yeux roulaient au fond de la tête depuis belle lurette et dont les cheveux avaient été tailladés avec maladresse.

Lorsqu'il revint de l'hôpital, complètement écœuré, mon père me conduisit chez ma tante Gaby et m'annonça que le bon Dieu en avait décidé autrement. Totalement ahurie, je ne pleurai pas.

Durant le séjour de ma mère à l'hôpital, papa remit ma chambre dans son ancien état.

Ni vu ni connu.

Croyante, maman fit don de sa peine au bon Dieu. Plus jamais, elle ne reparla de cette déchirure. Comme si cette dernière n'avait jamais existé.

Lorsque ma mère fut enceinte une troisième fois, j'eus tellement peur d'être à nouveau secouée que je demandai à mon père de ne préparer notre chambre que lorsqu'il aurait entendu le bébé vagir et démontrer avec certitude de l'intérêt pour la vie.

Et lorsque maman posa, entre mes deux bras timides, le gros poupon joufflu et éclatant de santé, j'oubliai complètement la petite Sylvie qui n'avait jamais vu la lumière du jour.

Quand les choses devinrent difficiles à la quincaillerie Allard, ma mère dut travailler auprès de mon père, épargnant ainsi le salaire d'un employé. Elle brisa les solides préjugés des clients en les servant mieux que tous les hommes qui l'avaient précédée au cours des années. Les clous, les vis, les écrous, la peinture et le papier peint faisaient désormais partie de son univers. Elle nous a beaucoup manqué à cette époque. Mais nous sommes devenus autonomes, responsables des repas et d'un tas d'autres travaux ménagers.

Les pédagogues et les psychologues n'étant point encore à la mode du jour, les enfants s'élevaient à coup de semonces et les règles de bois nous claquaient souvent les fesses. Maman ne connaissait sans doute pas de meilleure méthode. Elle avait la main leste et la voix cassante, ce qui lui conférait une autorité de géante alors qu'elle était haute comme trois pommes.

Au contraire de mon père, maman lisait beaucoup. Elle avait toujours un livre à la main, suivait des cours d'histoire de l'art, de décoration intérieure ou de chapellerie.

Sa culture a toujours été étendue mais surtout, ma mère m'a inculqué le désir de tout savoir, de ne jamais cacher la vérité, de devenir quelqu'un de bien. Voilà ce dont je lui suis redevable.

Papa, lui, était lion. Un signe astrologique qui dit tout. Son orgueil sans bornes lui interdisait de nous donner raison.

Il n'était pas très grand mais il aurait gagné des concours d'élégance durant les années de vaches grasses, lorsqu'il allait tout rafler chez *A. Gold and Sons*.

Je n'ai jamais eu peur de mon père. Mais vivait toujours en moi la crainte de ne jamais être à la hauteur. Il connaissait tant les choses de la vie ! Il pouvait à peu près tout faire. Dommage que son orgueil l'empêchât de nous faire entièrement confiance.

Ce qui me faisait vibrer chez lui, c'était son humour. Les plus grands fous rires, je les ai attrapés grâce à lui. Lorsqu'il rentrait à la maison, je m'assoyais devant lui et je l'écoutais narrer une histoire vécue ou inventée avec tant et tant d'images que je la lui faisais répéter mille et une fois en mémorisant chaque geste et chaque intonation.

L'élève apprenait de son maître.

Jacques était d'une extrême sensibilité et je ne l'ai jamais vu se fâcher contre moi.

Il avait plutôt tendance à se ranger de mon côté quand j'étais coupable, en faisant semblant de garder le secret entre nous deux. C'est d'ailleurs le seul défaut que lui a toujours reconnu ma mère : son mari ménageait le chou et la chèvre pour ne pas se faire d'ennemis. Cela frôlait le manque de courage mais lui appelait ça de la charité. Il avait fait des études à l'École Technique de Montréal et au Montreal Drafting Institute. Il aurait voulu devenir architecte, je crois. Mais lorsque la fin de la Guerre fut déclarée, c'est aux soldats revenus au pays qu'allèrent la majorité des emplois. C'est à ce moment-là que mon père devint plombier pour mon grand-père Osias, puis propriétaire d'un *magasin de fer* sur la rue Wellington.

Celui que je m'amusais à appeler « Jacquot-la-blague » était sans conteste l'homme le plus rose que je connaîtrais jamais. Il faisait la cuisine, le lavage, nous coiffait et faisait les teintures de ma mère. Il savait coudre et repasser ; il aimait choisir les vêtements de la famille en plus de réparer, de repeindre ou de faire des travaux d'ébénisterie.

Je dépendais de lui et j'allais le consulter pour tout. Ce qui serait un obstacle de plus pour l'homme que j'allais épouser.

Mes parents provenaient de milieux très différents. Le pain noir et le pain blanc.

Yolande avait été élevée pauvrement à la campagne, entourée de sept frères et sœurs que grand-mère Éva avait réchappés sur une vingtaine de grossesses. Seuls les fils confiés aux clercs de Saint-Viateur eurent droit à l'instruction. De son côté, Jacques, le second de trois enfants, eut la chance de grandir dans l'opulence et dans la quiétude.

Toutefois, la chimie fut parfaite entre ma mère, qui tenait serrés les cordons de la bourse, et papa qui aimait bien s'accorder de temps à autre quelque menu plaisir qui agrémentait l'existence.

J'ai vécu mon enfance sans eau bénite mais en gardant le cou étiré vers l'avenir.

On m'a appris la curiosité et on m'a donné l'intelligence de la combler.

Jacques et Yolande sont encore là pour en témoigner.

Angèle

CHAPITRE 5

Louisette et Frédo

Ma mère me poussait en avant. Il fallut bien le monter, cet escalier! La porte du haut s'ouvrit au bruit de la cloche. Deux pantoufles descendirent vers nous et une main saisit ma petite valise. Je gardai la tête obstinément baissée, étranglée de peur et de timidité.

«C'est ton papa, dis-lui bonjour, voyons!»

Dans la cuisine, il s'accroupit pour être à ma hauteur et m'embrassa sur les deux joues. Il me parla mais mon cœur affolé battait si fort dans mes oreilles que je ne compris rien du tout. Muette, raide comme une barre de fer, je me dégageai de son étreinte pour me coller contre ma mère qui représentait le seul élément un peu familier de ce nouveau décor.

Émotion intense : l'instant était crucial pour les trois étrangers que nous étions. Nous devions apprendre à vivre ensemble puisque les circonstances en avaient décidé ainsi... mais étions-nous vraiment préparés à cette cohabitation?

Il faisait chaud. Ma mère ouvrit une bouteille de limonade et me fit asseoir sur une chaise. L'oiseau affolé qui se cognait les ailes dans ma poitrine finit par se calmer un peu. En catimini, mon nouveau père et moi nous nous observions. La quarantaine, le cheveu rare et grisonnant, il avait un sourire triste, encadré de rides, et des yeux bleus fatigués. Il n'était ni très grand, ni très baraqué. Il avait l'air gentil, inoffensif et plein de bonnes intentions à mon égard, ne sachant trop quoi faire pour me sortir de mon mutisme.

On pouvait bien me raconter n'importe quoi : que c'était lui mon papa, qu'il venait tout juste de rentrer d'un camp de prisonniers, qu'il avait été très malade, qu'il n'avait pas pu venir me voir plus tôt, et blablabla... je savais très bien que tout cela n'était qu'un tissu de mensonges. Mon père véritable était un hidalgo espagnol, blessé à la guerre, qui viendrait sûrement me chercher dès qu'il serait rétabli. Quelle graine de vérité donna l'envol à cette fable ? Mystère ! Entre-temps, pour patienter, je pouvais bien m'accommoder de ce père d'emprunt qui me tombait du ciel.

J'avais six ans et demi, d'excellentes oreilles et une indéniable capacité à deviner ce qu'on voulait me dissimuler. Je n'ai jamais compris pourquoi ma mère tenait tant à me tromper sur ce qui était si évident : j'avais été légalement adoptée par Alfred Delaunois mais je n'étais pas sa fille. Je ne voulais pas être sa fille ! Qu'aurait pensé mon hidalgo paternel si je l'avais ainsi trahi ? Dorénavant, je vécus suspendue entre deux mensonges : le leur qui ne tenait pas debout et qui empoisonna notre vie quotidienne dès les premiers instants, et le conte ibérique forgé par mon imaginaire qui me permit d'échapper au désespoir de la réalité. Prudence ou instinct de survie, j'enfouis ces deux secrets dans le silence.

Alfred – Frédo pour les intimes – n'était pas né coiffé par la chance. Il avait vu le jour dans le nord de la France, le pays des mines de houille noire. Son père était propriétaire d'un cinéma et pouvait être considéré comme un homme riche mais cela ne l'empêcha pas d'envoyer son cancre de fils à la mine, dès l'âge de douze ans. Rien de tel pour mater une tête forte que de l'élever à la dure, n'est-ce-pas ? Il fut mineur de fond jusqu'à vingt-cinq ans, pliant sous la férule de son père, espérant sans doute s'en faire aimer. À la suite d'une chicane mémorable, il monta à Paris et trouva facilement un emploi aux autobus, coupant les ponts avec sa famille. En 1939, il avait trente ans et une jeune épouse, joyeuse, belle et légère.

Mobilisé comme tous les autres, il partit à la guerre et eut la malchance d'être fait prisonnier par les Allemands dès les premières semaines du conflit. On l'envoya tout d'abord dans une ferme en Allemagne, où il travailla comme journalier. Il s'évada une première fois. On le reprit, pédalant dans le courant, alors qu'il essayait de traverser le Rhin attaché à un pneu. Devine un peu, il ne savait pas nager! Cette fois, il goûta aux barbelés d'un camp de travail en Rhénanie. Labeur forcené, promiscuité dans le stalag, soupe claire tout juste suffisante à la survie, vermine... il s'évada une seconde fois. Tu sais sans doute que la débrouillardise des prisonniers français était légendaire. Il parvint à se procurer des vêtements civils et des faux papiers. Cette fois, on le pinça dans le train. Il ne parlait pas un traître mot d'allemand et le contrôleur lui avait posé une question à laquelle il était bien incapable de répondre. Comme tu vois, il n'en était pas à une contradiction près.

Troisième étape: le camp de concentration. Isolement, privations, sévices corporels, humiliations, je crois qu'il a connu l'horreur. Son bras portait la cisaille d'une profonde morsure de chien. L'arrière de son crâne avait été aplati par un coup de crosse de fusil. Il avait failli mourir de la thyphoïde. Mais il survécut tout de même jusqu'à la Libération et c'est un squelette d'à peine quarante kilos, mentalement très ébranlé, qui débarqua sur le quai de la gare à Paris. Personne pour l'accueillir. Sa femme, joyeuse, belle et légère, ne l'avait pas attendu. Elle avait même complètement oublié son prisonnier de mari, s'affichant avec un officier allemand et menant joyeuse vie au cœur des années de privations et de terreur. Il demanda le divorce et se blinda d'amertume.

Tu vas sans doute trouver que tout cela ressemble à un mauvais mélo... mais ce drame fut celui de toute une génération et c'est pourquoi j'en parle, parce qu'il donnait une coloration très particulière à notre vie. La guerre était finie, certes, mais comment oublier ces horreurs, ces trahisons, ces défaites pour se couler dans un quotidien pacifique, comme si rien ne s'était passé? La guerre continua donc dans les cœurs mutilés et les têtes fêlées de bien des soldats; bon nombre d'entre eux ne signèrent jamais l'armistice. Nous avons dû vivre avec leurs violences et leurs dévastations personnelles.

Frédo avait été brisé par la guerre. Irrémédiablement. Sa santé, son équilibre, son émotivité étaient broyés. Au fond, c'était un homme doux et bon, sans ambition ni envergure, qui ne demandait qu'à vivre une petite vie de Français tranquille. Mais les rescapés de l'enfer, dont la tête n'est plus très très solide, peuvent-ils encore se comporter «normalement»? Et que devient la normalité dans de pareilles époques? Il avait besoin d'aide pour vivre. Le vin rouge l'aida à oublier. Lorsque ma mère le rencontra, il était déjà très sérieusement alcoolique, transformant presque la moitié de sa paie en petits ballons de rouge au zinc des bistrots du quartier.

Pendant un certain temps, ma mère apaisa son angoisse, mais il avait désappris la confiance et le sentiment qu'il éprouvait pour elle se doubla vite d'une jalousie démente. Au moindre soupçon, au moindre geste ou regard de coquetterie – qu'il imaginait la plupart du temps – il se déchaînait, buvant plus que de coutume, menaçant et injuriant ma mère qui se drapait alors dans un silence digne. Ses colères duraient plusieurs jours, nuit et jour, jusqu'à épuisement physique complet. Lorsqu'il perdait toute couleur et se mettait à vomir, nous pouvions enfin respirer et reprendre le cours normal du quotidien, interrompu par la bourrasque de haine qu'il portait en lui. C'était la trêve... jusqu'à la prochaine fois.

Entre deux crises, il avait de bons moments et se montrait souvent généreux. Il me trouvait maigrelette et c'est vrai qu'on pouvait me compter les côtes. Pour lui, c'était insupportable alors il ajoutait dans mon assiette la moitié de son beefsteak ou sa pointe de tarte. Je mangeais avec voracité et je sentais confusément que le spectacle de mon appétit rassasié le comblait d'aise et le vengeait en partie des privations qu'il avait endurées.

Il aimait les fleurs et la musique. C'est lui qui avait installé la grande boîte débordante de couleurs qui illuminait le mur de ciment de l'escalier. Il jouait du tambour dans la fanfare de la R.A.T.P. et dansait le tango et la valse avec une fluidité de vrai professionnel. Pour se faire pardonner ses orages, il nous faisait de petits cadeaux : des magazines et des fleurs pour ma mère, des albums, des sucettes et des crayons pour moi. Il n'intervenait jamais dans la façon dont ma mère m'administrait les bonnes manières, lui laissant l'entière responsabilité de mon éducation. Je crois qu'il me donna toutes les miettes rescapées de son cœur en morceaux.

Personnage imprévisible, victime de son époque, il me terrorisait par ses colères. Je ne suis jamais parvenue à m'attacher profondément à lui. Quelquefois, il m'arrivait de « l'aimer bien » mais ses fureurs me plongeaient dans un océan de rancune qui dissolvait la confiance et l'amitié naissantes entre nous. À chaque fois, nous devions repartir à zéro. J'avais peur de lui, je me méfiais de lui, je me sentais si petite devant sa violence mais je faisais l'impossible pour qu'il ne s'aperçoive de rien. Chère Francine, ce n'est pas d'hier que je me cache derrière une cuirasse.

À trente ans, Louise Jules – ma mère – était belle. Petite, potelée et solide sans excès, elle avait ce qu'on appelle du chien. Dans son visage parfaitement rond, encadré de cheveux de soie, son regard étrange faisait oublier le nez bosselé et la bouche un peu trop mince. Ses yeux d'eau étaient transparents, comme un frimas léger sur une herbe verte. Elle aimait rire et s'habillait bien, la fréquentation des bourgeoises du seizième ayant formé son goût. Elle avait hérité de quelques dépouilles luxueuses qui juraient avec la modestie du reste de sa garde-robe. Je me souviens, entre autres, d'une robe bleue à bretelles, imprimée de feuillages noirs et blancs, qui faisait sensation sur sa peau laiteuse, semée de taches de son.

Elle avait dix-sept ans à la déclaration de la guerre. Comme tous les jeunes de sa génération, sa vie en fut profondément bouleversée. Ses frères partirent au front, une de ses sœurs perdit son mari dans un bombardement, sa mère mourut et les Allemands envahirent la Normandie jusqu'au dernier village. Elle passa donc ses belles années d'insouciance dans la peur, les larmes, les privations et l'espoir que ça finirait sans doute un jour.

Elle vécut l'enthousiasme de la Libération avec passion. Après le désert, c'était enfin la liberté et... l'amour : un homme l'aimait et la désirait. Elle s'abandonna complètement à sa belle histoire. Chaque vie a le droit de nourrir un rêve, tu ne crois pas ? Je suis là pour témoigner du sien.

Quelque part, dans le temps et l'espace, ma mère et moi nous nous sommes manquées. Elle savait si peu de chose de moi. L'intimité avec un tout-petit est irremplaçable : son odeur, sa chaleur, son poids d'amour entre les bras, sa première dent, ses premiers rêves... elle n'avait rien connu de tout ça, elle qui passait dans ma vie comme une touriste pressée. Nous n'avons jamais été capables de rattraper ces six années de complicité perdues.

Elle m'éleva du mieux qu'elle put, selon des principes stricts. D'une part, il y avait ce qu'on pouvait faire et d'autre part ce qui était interdit. Rien entre les deux ! Sa moralité ne pouvait s'accommoder de dérogations floues ou de demi-permissions. Peut-on la blâmer, elle qui payait si cher le seul accroc à son code de bonne conduite ? Issue d'une famille pauvre et sans traditions, elle m'inculqua de solides valeurs bourgeoises, glanées dans les différentes maisons où elle travaillait. Je pense qu'elle n'avait pas assez de ressources personnelles pour changer le cours de sa vie mais elle avait suffisamment de finesse et de perspicacité pour transférer sur moi ses ambitions perdues.

Dans la vie de tous les jours, elle était plutôt affectueuse, ne ménageant ni les câlineries, ni les baisers. Cependant, gare aux bêtises ! Elle avait la gifle facile et la cuillère en bois claquait souvent sur mes fesses au moment où je m'y attendais le moins.

Face à son furieux de mari, Louisette déployait inconsciemment la stratégie idéale : l'inertie. Elle le laissait hurler, tempêter, insulter tant qu'il voulait, jusqu'à épuisement, sans jamais lui montrer sa peur. Peut-être ne le craignait-elle pas ! Avec le temps, elle parvint même à s'abstraire complètement de la réalité, le nez plongé dans un magazine alors que le loup hurlait en chamboulant les casseroles dans la cuisine et que la chatonne recroquevillée pleurait dans son lit en mordant ses draps. Est-il possible d'ignorer longtemps ses contradictions et ses fragilités? Des crises d'asthme, de plus en plus violentes, firent éclater à la longue sa sérénité de commande.

Les enfants sont de bienheureux opportunistes, tu sais cela aussi bien que moi. J'ai creusé mon trou entre ces deux adultes meurtris qui se comportaient parfois avec moins de maturité que moi, grapillant l'amour et la chaleur où ils se trouvaient, apprenant à aimer la solitude et à respecter l'harmonie qu'offraient nos petites oasis tranquilles. La vie avec mes parents n'était qu'une parcelle de mon univers. Il y avait aussi les voisins, les copains de la place Jaffeux, l'école que j'aimais et cette Martine inconnue qui m'attendait au tournant de la rentrée des classes.

Francine

CHAPITRE 6

Mademoiselle Leroux et les hommes

En 1957, tous les enfants québécois fréquentaient l'école publique qui se trouvait à proximité de chez eux. La plupart du temps, la bâtisse était campée juste à côté de l'église et portait le même nom que la paroisse. Cela facilitait la pratique des exercices spirituels que nous imposait la religion catholique. Je vois d'ici ton sourire de Gennevilloise élevée sous cette influence bolchévique qui terrorisait tant les prédicateurs québécois. Savais-tu que nous priions tous les jours pour que Dieu nous protège des effroyables communistes (dont tu étais) qui auraient pu envahir notre pays? Si, c'est vrai, je te le jure!

Mes souvenirs de la petite école s'arrêtent infailliblement à la deuxième année « A », dans la classe de Mademoiselle Leroux. Le « A » avait une certaine importance pour nos parents puisque c'est sous cette lettre majuscule que les élèves « intelligentes » se trouvaient rassemblées. « Ma fille est en deuxième année **A** » devenait une phrase subliminale révélant hors de tout doute la superbe de nos père et mère.

L'entrée en deuxième année était un événement qui nous faisait rêver pendant des lustres. Désormais, nous n'étions plus les bébés de l'institution et nous pouvions choisir nous-mêmes nos tourneuses de corde à danser. Mais je craignais terriblement l'autre professeur de deuxième année, qui, probablement à la suite d'une paralysie, portait l'oreille gauche complètement appuyée sur son épaule. Elle nous regardait toujours avec des yeux d'aigle vorace quand elle venait surveiller nos récréations d'un tout autre point de vue que les autres maîtresses. Son infirmité suscitait beaucoup de compassion chez mes parents mais Madame Pilon me terrorisait à un tel point que je faisais tout ce qu'elle demandait pour ne pas avoir à faire face à sa colère. Son local jouxtait le nôtre et je faisais de grands détours pour ne pas la rencontrer. Je ne fus pas inscrite dans sa classe car, fort heureusement, la deuxième année «A» était sous la responsabilité de Mademoiselle Denise Leroux. C'était une brave célibataire qui traitait les petits bouts de femme que nous étions avec une rigueur n'ayant d'égal que son dévouement. Elle était petite et ronde et arborait, coïncidence! un Clairol tout ce qu'il y avait de plus roux! Elle avait une voix un peu rauque et un ton péremptoire. Ses yeux verts nous enveloppaient d'une attention toute maternelle et le *Chanel n⁰ 5* dont elle aspergeait ses vêtements laissait flotter des effluves sucrés quand elle passait entre les rangées de pupitres. Son air guilleret nous avait tout de suite charmées et son dégoût évident pour les génuflectrices nous avait renseignées sur son désir d'être équitable envers toutes les petites filles de la classe. À vrai dire, elle n'avait pas de «chouchou».

À cette époque, l'école était divisée en deux parties par le gymnase, équipé d'une scène que les éducatrices appelaient pompeusement le «théâtre», et par deux bureaux qui abritaient le directeur des garçons et la directrice des filles. Les deux locaux avaient leur entrée dans une salle d'attente bien cirée, placée sous la protection de la statue d'une Vierge Marie, déguisée en Notre-Dame-de-la-Garde. Cette statue représentait bien Marie, la mère de Jésus, sauf qu'elle nous regardait d'un petit air sans aménité qui se distinguait de celui plein de tendresse que nous attendions d'une mère ou d'une protectrice.

Les activités n'étaient pas mixtes, à l'exception de la première communion, de la confirmation et du salut au drapeau pour lequel nous étions réunies tous les vendredis dans la grande salle avec les garçons. À l'occasion, un grand de septième année hissait le drapeau canadien et nous devions entonner notre hymne national bien dressés au garde-à-vous! Monsieur le directeur (l'autorité n'appartenant pas à madame la directrice!), armé d'une pile de notes que lui avaient fait parvenir les surveillants de la cour d'école, profitait de cette grande assemblée pour nous faire ses recommandations d'usage et nous annoncer les quelques événements prochains qui nous concernaient.

Les garçons avaient leur cour d'école, nous avions la nôtre. Nous avions nos règlements et eux, les leurs. Par exemple, ils goûtaient à la «banane», cette courroie de cuir qui leur léchait les fesses dans un claquement sec lorsqu'ils étaient reconnus coupables d'un écart de conduite.

Du côté des filles, il s'administrait bien quelques coups de règles de bois mais rien de plus. Ce moyen extrême était utilisé parfois lorsque nous présentions un travail malpropre ou que notre gomme à effacer avait perforé notre petit cahier brouillon. Pas de sévices corporels pour nous: comme nous étions à priori plus peureuses, un avertissement sonore suffisait à nous faire rentrer dans les rangs.

Mademoiselle Leroux avait, pour les dignitaires ecclésiastiques et l'inspecteur d'école, une admiration telle qu'elle devenait un bourreau de travail et un monstre d'orgueil lorsque l'un d'entre eux décidait de visiter sa classe. Elle agitait sa bélière pour obtenir le silence de son troupeau.

«Vous avez besoin de ne pas me faire honte. Nicole, tu répondras aux questions sur la grammaire, Francine, toi tu répondras en arithmétique, toi Lise, ne réponds à rien, tu m'entends? Pas de gomme, des tuniques et des blouses propres! Et coiffez-vous! Nettoyez-vous les ongles! Et ramenez-moi toutes les photos de vos petits Chinois, je vais les afficher pour montrer à monsieur l'Abbé que vous en avez acheté beaucoup! Pas de bavardes, pas de ricaneuses! Et tenez-vous le dos droit. Répondez: oui monsieur l'Abbé, non monsieur l'Abbé! Au revoir monsieur l'Abbé! Avez-vous bien compris?»

Et toutes en chœur, nous ânonnions: «Ouî-î-î, Ma-de-moiselle!»

Laisse-moi t'expliquer notre commerce de Chinois, un concept incompréhensible pour toi. Pour vingt-cinq sous, nous achetions les petits Chinois que La Sainte Enfance mettait en vente à des milliers d'exemplaires; nous recevions leur photo et nous collectionnions ces portraits comme des cartes de hockey. Imagine un peu notre consternation lorsque deux d'entre nous avons reçu la photo du même petit Asiatique. Baptisés Claude Wong et Robert Wing, nos deux orphelins se retrouvèrent au centre d'interminables disputes. Mademoiselle Leroux régla ce conflit en invoquant la théorie des jumeaux. Mais, lorsque nous lui rapportâmes sept photos du même petit garçon, notre institutrice se trouva à court d'explications valables et cessa de pratiquer la traite des Jaunes dans sa classe de deuxième année « A ».

Avant toute visite importante, la directrice, Mademoiselle Raymond, passait d'abord la classe à l'inspection puis, lorsque tout lui semblait conforme, elle disait: « Ne bougez pas, mesdemoiselles, je vais aller « le » chercher! »

Et l'Homme arrivait.

S'il s'agissait de l'inspecteur Ducharme, nous nous comportions avec beaucoup de prudence. Il était assez sévère et ses lunettes noires nous en imposaient. Il scrutait la classe comme un général passe ses troupes en revue. Puis, Mademoiselle Leroux, au bord de la défaillance, l'invitait à s'asseoir à son pupitre sur la tribune de bois.

Elle avait pris soin de placer bien en vue son cahier de préparation de classe, dont elle avait peaufiné le contenu en ajoutant des notes à consonance évangélique du genre: « Seigneur, éloignez de moi la tentation » ou d'autres prières impressionnantes pour témoigner à l'envoyé du Département de l'Instruction Publique de sa grande foi.

Tout à côté, elle avait empilé nos petits cahiers rouges où l'en-tête « J. M. J. » précédait chaque devoir.

Aurais-tu jamais imaginé que ces lettres pouvait signifier « Jésus, Marie, Joseph » et que cette inscription obligatoire nous plaçait automatiquement sous la protection des saints? Il y a parfois de ces superstitions!

L'inspecteur Ducharme aimait les enfants et encore plus les institutrices, qu'il couvait de regards énamourés. Il avait échangé son poste avec l'inspecteur Pellerin de l'est de

Montréal et avait préféré venir évaluer la qualité de l'enseignement pour la Commission des écoles catholiques de Verdun.

Il posait des questions aux élèves de la classe et attendait les réponses, en regardant par-dessus la monture de ses besicles, les yeux oscillant de gauche à droite, de droite à gauche comme le pendule d'une vieille horloge.

Pas un mouvement du sourcil ou de la commissure.

Lorsque la réponse arrivait enfin, claire, sonore et correcte, il souriait de satisfaction en regardant du côté de Mademoiselle Leroux, qui éclatait d'orgueil. On pouvait même voir sa poitrine se gonfler et le tissu de sa blouse s'étirer jusqu'à distendre boutonnières et boutons.

Et quand il arrivait à l'une d'entre nous de commettre une erreur, si petite soit-elle, c'est toute la classe qui se morfondait car mes compagnes et moi venions alors de rater l'occasion d'un «congé de devoirs et de leçons de Monsieur l'Inspecteur».

C'était une énorme responsabilité pour des petites filles de sept ans et demi de prouver que leur institutrice méritait bien les deux mille et quelques dollars qu'elle gagnait annuellement pour apprendre l'ABC du savoir à ses petites élèves de la deuxième année « A ».

Un jour, Mademoiselle Leroux me surprit en train de mâcher vaillamment une gomme. Je l'avais sans doute mise en réserve sous ma langue, mais en entreprenant ma ligne de *Léo et Léa*, j'eus tout à coup une échappée de la mâchoire et l'institutrice me remarqua!

C'est alors qu'elle décida d'appliquer sa leçon numéro cinq, qui consistait à faire porter à la coupable son *chewing gum* collé sur le nez jusqu'à la récréation.

Les autres se mirent à rire silencieusement à coup de petits hoquets timides.

C'est à ce moment que Carole Bazinet, la première de classe, qui revenait du bureau de Mademoiselle la directrice entra, sans discrétion aucune, avec une mitaine rouge qu'elle avait trouvée dans le corridor, près des casiers.

Ce n'était décidément pas une bonne journée pour moi. Cette mitaine m'appartenait.

Mademoiselle Leroux appliqua donc, aussi, la leçon numéro deux. Elle attacha la mitaine à ma tunique marine avec une énorme épingle à couche, juste vis-à-vis du cœur et du petit carré de camphre que je portais comme un talisman contre le rhume de cerveau.

Jamais je n'eus si honte!

Soudain, branle-bas de combat! La porte s'ouvrit pour laisser entrer monsieur l'Abbé Gélinas dans sa belle soutane noire. Nous l'adorions parce qu'il nous rendait notre affection au centuple.

Lorsqu'il me vit aussi confuse, il s'approcha de moi. «Jolies décorations! me dit-il avec un clin d'œil.

— Elle ne mangera plus de gomme à l'école et... elle ne perdra plus sa mitaine, c'est certain, monsieur l'Abbé! renchérit Mademoiselle Leroux d'une voix de colonel.

— Tu arrêteras au presbytère après l'école, ma Francine! me dit l'abbé Gélinas sur un ton sermonneur.»

À quatre heures, après l'école, je me rendis au presbytère de l'église Notre-Dame-de-la-Garde, juste à côté. En m'apercevant, monsieur l'Abbé se mit à rire et m'invita à pénétrer dans l'antre du représentant de Dieu sur la terre de Verdun.

Sur la table m'attendaient un verre de lait et des biscuits que sa ménagère venait juste de sortir du four.

Le prêtre me fit chanter sa chanson préférée: *Le Seigneur est mon berger, rien ne saurait me manquer*. Il fermait doucement les yeux dès que ma voix atteignait les hautes notes. J'avais une très jolie voix. J'étais soliste dans la chorale de l'école et lors de nos pratiques à l'église, le prêtre venait souvent s'agenouiller dans la nef pour se recueillir au son de nos voix angéliques. Quand j'entonnais seule le couplet d'un cantique, il se retournait pour m'observer et je donnais alors le maximum. Madame Crépaud, notre chef de chorale, était ravie.

Lorsque j'eus terminé mon récital, il se rendit dans son bureau et m'offrit une belle image de Jésus qui portait ces mots: «Laissez venir à moi les petits enfants», et une boîte complète de Chiclets aux cerises.

« Tu les mangeras chez toi. Pas devant Mademoiselle Leroux... j'espère. Et tu me diras trois *Je vous salue Marie*, ma belle enfant », me dit-il avant de m'expédier à la maison.

En traversant le parc jusque chez moi, j'admirai l'image, où Jésus était assis sur un banc avec une petite fille sur ses genoux et deux autres mioches qui Le regardaient avec vénération. Je tentais d'imaginer la colère de ma mère si elle m'avait trouvée dans pareille situation, elle qui me parlait constamment d'éviter les messieurs barbus qui auraient voulu me prendre sur leurs genoux. Dis-moi, comment faire la différence entre le bon et le mauvais ? J'en conclus donc, en observant l'image que m'avait offerte l'abbé Gélinas, que la différence tenait à l'auréole que Jésus avait au-dessus de la tête. Tant que je n'en verrais pas une, jamais je n'accepterais de m'asseoir sur les genoux d'un monsieur, c'était juré ! Sauf sur ceux de l'abbé Gélinas, bien sûr. Je pensai à ce prêtre si bon qui n'avait pourtant pas d'auréole.

Et jamais je n'allais oublier ce personnage compréhensif qui était beaucoup plus près de ses ouailles que de Dieu, plus près des enfants que des institutrices.

Angèle

CHAPITRE 7

Le tablier

Ainsi, tu «achetais» des petits Chinois! Je reconnais bien là la logique capitaliste américaine, comptabilisant la charité et culpabilisant du même coup ceux qui n'avaient pas les quelques sous nécessaires à ce marchandage de bonnes intentions.

Pour nous, le problème ne se posait pas puisque de tels trafics n'existaient pas. Quelques femmes de la paroisse tricotaient activement pour les missions. Ma mère entassait dans une boîte les vêtements et autres bricoles qu'elle donnait chaque année au Bazar de charité de l'église... Pour le reste, nous étions si proches de manquer du nécessaire que nous pratiquions avec ferveur l'adage connu « Charité bien ordonnée... »

Contrairement à ce que tu as vécu, nous ne recevions jamais de punitions corporelles à l'école. Nos institutrices ne se seraient jamais risquées à nous gifler ou à nous cingler les doigts avec une règle, ces douteux privilèges étant l'apanage exclusif des parents. Nous vivions cependant dans la crainte de l'Autorité suprême que représentait le corps professoral, directrice en tête, qui ne nous ménageait ni les retenues, ni les heures de piquet, ni les devoirs supplémentaires, ni les infernales définitions à recopier jusqu'à la nausée parce que nous les avions mal apprises. (Cent fois la définition du sinus et du cosinus!) Évidemment, de telles copies devaient être signées par les parents. Croyant sans doute bien faire, nombre d'entre eux doublaient le pensum en l'additionnant d'une bonne paire de claques comme c'était le cas chez moi.

Aujourd'hui, nous nous posons des dilemmes quasi métaphysiques lorsque nous appliquons une tape sur les fesses de nos petits monstres. Mais en ce temps-là, les mornifles volaient bas. Nous étions élevés à la dure et les punitions corporelles – gifles, pinçons, fessées, martinet – étaient monnaie courante. Personne n'y trouvait à redire. Autre temps, autres mœurs !

J'ai reçu mon lot de corrections, sans me prendre pour une enfant martyre. Je me souviens même très bien de ma première «vraie» dérouillée. Laisse-moi te raconter comment ça s'est passé !

L'école des Grésillons était à moins de cinq minutes à pied de la maison. Ma mère m'y avait inscrite. Je devais entrer en Cours Élémentaire 1, c'est-à-dire en dixième. Selon tes repères à toi, il s'agit de la deuxième année puisque les systèmes français et québécois fonctionnent à l'inverse l'un de l'autre : les petits Français commencent en onzième au Cours Préparatoire, au moment où les jeunes Québécois abordent leur première année. En sixième, les deux organisations se rejoignent au même niveau et au même âge.

Ma mère m'équipa pour la rentrée : cartable, porteplumes, crayons, plumier en bois, etc... J'adorais toutes ces fournitures scolaires dont l'odeur neuve et studieuse me grisait. Elle m'habilla aussi de pied en cap : un imper, une jupe plissée, deux chemisiers, un gilet et des souliers neufs. L'école avait vraiment des bons côtés ! Pas de fantaisies inutiles, on choisissait toujours des tissus à toute épreuve et des couleurs passe-muraille. Il fallait que tout cela dure le plus longtemps possible, alors on prévoyait une bonne main d'ourlet et des coutures généreuses. Contrairement à beaucoup de femmes de sa génération, ma mère ne cousait ni ne tricotait, ce qui limitait le nombre de nos vêtements. Elle se débrouillait pour les réparations mineures. Sa science s'arrêtait là !

Une de ses patronnes lui donna un ballot de vêtements dont certains lui permirent d'enrichir quelque peu ma mince garde-robe. Elle en sortit un tablier caca d'oie délavé, flanqué de deux grandes poches, qu'elle me fit essayer aussitôt. Misère ! Trop grand aux épaules, pendouillant d'un côté, ledit tablier était atrocement laid et me donnait un teint de navet flétri. T'est-il déjà arrivé d'être obligée de porter un vêtement détesté ? Pas la peine de me répondre, je sais que tu vas comprendre. Je protestai, en vain. Ma mère épingla l'ourlet à la bonne hauteur et se réjouit hautement de cette manne imprévue qui lui permettait d'épargner le coût d'un accessoire obligatoire pour l'école.

J'enrageais ! C'est moi qui allais porter cette horreur pendant toute l'année. Louisette ne pensa pas une minute à m'en consoler ou à m'expliquer ce qu'il en était de son modeste budget. Je crois pourtant que j'aurais compris. Cette ignorance profonde de mes susceptibilités de petite fille me révulsa. Le tablier devint le bouc-émissaire de toutes mes révoltes et je me butai dans un silence sournois. À la première occasion, j'enfournai le vêtement honni dans la salamandre, en grève de chauffage pour l'été. Bien malin qui penserait à regarder là-dedans ! La salamandre me fixait de son œil en mica opaque et j'avais nettement l'impression qu'elle saurait garder mon secret.

Bien entendu, ma mère chercha le tablier partout. Introuvable ! Elle se résigna donc à m'en acheter un autre et m'emmena au marché où elle me permit d'en choisir un d'une couleur de mon goût. Je revins à la maison avec une blouse trois-quarts bleu turquoise, assez fière de mon coup. J'avais parfaitement joué mon rôle de sainte-nitouche et ma mère ne se douta pas un instant de l'étendue de ma malice.

J'oubliai avec insouciance l'épisode du tablier jusqu'à la mi-novembre. Lors d'une soirée frisquette, mon père décida de faire une petite flambée. Il bouchonna plusieurs feuilles de journal et les enfourna dans la salamandre avant de les enflammer. C'était sa façon à lui de ramoner le tuyau. Mon cœur s'arrêta de battre. Le feu ne voulut pas prendre et une fumée âcre se répandit dans la salle de séjour. Du bout du tisonnier, Frédo farfouilla dans l'engin et en ressortit la dépouille noircie et à moitié consumée du tablier qui bouchait le tuyau d'évacuation.

Ma mère reconnut le cadavre et comprit immédiatement. Elle essaya de me faire avouer mais ne parvint pas à
m'arracher un seul mot. Si elle l'avait pu, je crois qu'elle
m'aurait obligée à porter quand même cet infâme tablier
mais roussi, brûlé, déchiré, il était vraiment immettable. Je
reçus à cette occasion la première fessée de ma jeune vie.
Crois-moi, les fesses me cuisaient et je versais quelques
larmes de crocodile pour les convenances mais je savais que
j'avais gagné et personne ne pouvait m'enlever ce sentiment
d'intense satisfaction.

Francine

CHAPITRE 8

La guerre, yes miss !

L'amitié était pour moi un grand bienfait. Grâce à elle, je sondais la vie d'un regard autre, curieux, souvent bien différent du mien.

Mon amie Michèle concevait les choses dans la plus grande ferveur. Son exaltation donnait aux événements qui ponctuaient notre enfance une saveur de roman fantastique. Avec elle, chaque petit bout de bois devenait un serpent venimeux; chaque averse de neige devenait la tempête qui pousserait notre expédition dans la ruelle jusque sur les glaciers du Grand-Nord; et si nous apercevions un oisillon mort, c'était l'occasion d'une veillée funèbre suivie d'une longue cérémonie d'enterrement.

Seule, je n'aurais pas eu autant d'imagination, je puis le jurer.

Michèle avait le teint foncé, les yeux très noirs, le nez aplati et les narines larges comme celles d'une mulâtre. Ses lèvres, aux lignes accentuées, avaient pris l'habitude de s'entrouvrir avec grâce comme la bouche pulpeuse d'une actrice qui joue une scène de séduction. Elle ne passait jamais devant un miroir sans admirer sa mince silhouette, cambrer les reins pour mettre en valeur ses petits seins pointus ou lisser sa longue chevelure avec les doigts en guise de peigne.

Mon souvenir le plus singulier demeure celui des nombreux cachets d'aspirine qu'elle avalait presque tous les jours, je n'ai jamais su pourquoi. Je suppose qu'ils devaient calmer ses migraines de petite fille abusée par un père très étrange. Je ne lui ai jamais parlé de son père mais j'ai toujours trouvé à ce dernier un comportement louche.

Michèle était surtout une fillette vaniteuse. «Je suis belle, hein?» me répétait-elle sans arrêt. Je devais alors convenir que sa nouvelle coiffure était admirable si je voulais demeurer sa «plus meilleure amie».

À l'école, lors d'un concours de déguisements d'Halloween, Michèle s'était habillée en vendeuse. Un petit costume ordinaire copiant l'uniforme de toutes les jolies vendeuses du «Quinze Cennes». Nul oripeau, nulle guenille pour mettre en péril sa féminité, pas de fard pour assombrir sa jolie frimousse. Une vendeuse, un point c'est tout. Avec une jupe moulante, une blouse de satin blanc et un petit tablier fait d'un carré de dentelle au point d'Alençon que sa mère gardait sur le bras du fauteuil du salon. Grimpée sur les souliers à talons hauts de sa cousine, Michèle ressemblait à une grande échalote. C'est, du moins, ce que j'en pensai, moi qui avais risqué ma réputation en revêtant un costume de Sainte-Véronique tenant, comme un linge à essuyer la vaisselle, le Saint Suaire peint à la gouache par mon père!

C'est moi qui remportai le prix du plus beau costume (le jury avait reconnu mon audace). Michèle eut du mal à s'en remettre, tu peux imaginer.

Chaque fois que tu évoques avec un curieux emportement ce qu'a été la guerre en Europe, j'éprouve pour toi, Angèle, énormément de compassion et je ne peux m'empêcher de penser à mon amie Michèle.

Il est vrai que tout ce qui martèle l'enfance fait de chacun ce qu'il devient. Je n'ai pas connu la guerre, la vraie. Mais je porte à l'intérieur de moi-même une intuition de sa réalité. Probablement à cause du cinéma qui nous a abondamment représenté les combats, les horreurs et, le Mal de cette guerre 39-45 dont tu as subi les affreuses répercussions.

Papa nous répétait sans cesse: «On est chanceux au Québec de ne pas connaître la guerre. N'oubliez pas de dire merci.»

Mais nous avons tout de même subi les fanfaronnades de nos gouvernements à une époque où la paix mondiale était très incertaine.

Au début des années soixante, les Canadiens se sont ressentis des disputes qui opposaient Cuba, l'URSS et les États-Unis. Chaque jour, nous entendions dire que la guerre était imminente, et c'est la peur au ventre que nous partions pour l'école, non sans jeter un regard inquiet sur l'horrible poteau au faîte duquel trônait la sirène qui nous préviendrait que nos ennemis avaient lâché une bombe atomique sur nos têtes !

Dieu que nous avions peur des Russes ! Une vraie psychose collective !

Tous les adultes à qui notre éducation avait été confiée ne cessaient de nous parler de la guerre qui allait certainement éclater. Comme un gros pétard-à-mèche géant. Comme un coup de klaxon. Un gros *boum*.

Le téléviseur faisait vibrer la voix de Fidel Castro ou sangloter celle de John F. Kennedy, le beau président que toutes les femmes adoraient. La plupart des mères ne comprenaient rien aux discours en anglais de *Mister President*, mais toutes prenaient un air alangui lorsqu'apparaissaient sur le petit écran noir et blanc sa belle tête digne et son regard profond de Kennedy.

Et les enfants tremblaient de peur.

Quelquefois, question de nous préparer à l'attaque soviétique, la radio que le bon peuple écoutait à toute heure du jour, annonçait d'une voix mordante, ponctuée de courts silences : « Ceci n'est qu'un exercice ! Je répète : ceci n'est qu'un exercice ! »

Puis, à l'unisson, les sirènes se mettaient à gémir.

On aurait dit les plaintes d'un grand loup affamé. Verdun était hantée par des fantômes geignards.

L'une des sirènes, située sur le terrain du Verdun Catholic High School (Amable Donais disait que le maire O'Reilly préférait sauver d'abord les Anglais) hurlait si fort que nous courions nous réfugier au sous-sol de la maison quand elle se déclenchait. Nos parents se moquaient bien de nous.

En effet, Michèle et moi avions déduit qu'en cas d'attaque, mieux valait descendre dans la cave (le père de Michèle insistait pour que la sienne fût appelée un sous-sol) et nous vêtir de blanc pour éloigner les molécules nucléaires qui survivraient dans l'atmosphère en nous transformant en monstres horribles. Jean-Yves Poirier nous avait même raconté qu'il pouvait nous pousser des excroissances hideuses au milieu du front et que nous pouvions perdre tous nos cheveux.

Michèle et moi avions donc décidé d'amasser des réserves dans un coin du sous-sol de la rue Manning afin d'assurer notre survie : de l'eau, du sucre, des biscuits salés, des boîtes de conserve, des céréales, plusieurs sacs de bonbons « à une cenne » et un journal de bord qui narrerait nos jours de siège durant la Guerre d'« Écuba », comme nous l'avions surnommée.

Nos parents tous morts parce que refusant de croire à la nécessité de descendre dans notre abri antinucléaire, nous aurions été les seules à demeurer en vie pour raconter nos aventures, celles de deux Anne Frank des temps modernes liées d'amitié à la vie et à la mort.

Selon Michèle, l'exclusivité était l'élément essentiel de notre relation. Pas de Cherryl, pas de Tressy, pas de Johanne Seymour et encore moins de Marjolaine ou de Suzanne Richard entre mon amie et moi. Nous avions même évincé de notre opération-survie nos frères et sœurs. De mon côté, j'aurais bien voulu accueillir mon petit frère Normand mais, comme Michèle m'avait fait promettre de refuser l'accès à sa sœur Jeanine et son frère Bernard, ce à quoi elle tenait elle-même, nous fîmes le pacte de ne sauver que nos deux vies exclusivement ! « Si on n'a plus de cheveux, ils vont rire de nous autres, tu les connais ! appuya Michèle. Rien que nous deux ! »

Elle n'avait même pas pensé que les autres aussi auraient l'occiput dégarni !

Mais pour la mal-aimée qu'était Michèle, l'exclusivité faisait partie intégrante de l'amitié. « Jus' nos deux ! » était son leitmotiv. Et j'étais tenue de m'en souvenir si je voulais demeurer sa compagne préférée.

Nous vivions avec intensité notre romantisme de fillettes en écoutant Claude Léveillée sur le *pick-up* de ma chambre. Les secrets n'existaient pas entre nous. Notre amitié, où les fâcheuses disputes alternaient avec les réconciliations exaltantes, dura jusqu'à nos quinze ans. Jusqu'à ce que je prenne le chemin du cours classique, lequel distanciait souvent les amies d'enfance par sa rigueur et son élitisme. Jusqu'à l'arrivée dans nos vies des jeunes gens, dont nous avions préparé sans le savoir l'inévitable intrusion. Notre théâtre, nos jeux, nos états d'esprit et nos rêves au goût de crème fouettée nous avaient, en effet, menées au seuil d'une nouvelle étape, où nous songerions désormais à plaire, à séduire, à enjôler, et qui nous détacherait l'une de l'autre comme deux sœurs siamoises sur la table d'opération.

Cette pseudo-guerre que nous avions scénarisée pour ajouter à notre exaltation nous rapprocha davantage l'une de l'autre.

Nous avions nos tranchées, nos soldats blessés, nos tanks dévastateurs, nos traîtres et nos membres de la Résistance. Nous allions même espionner chez les voisins, pour être sûres qu'ils ignoraient tout de notre bunker. Mais notre guerre-pas-pour-de-vrai cessa comme elle avait commencé lorsque Kennedy déclara aux Soviétiques, comme nous l'avions imaginé : «C'est assez, moi je ne joue plus !»

Ce n'est que plus tard, lorsque la télévision nous montra les horreurs de ta guerre à toi, que nous avons compris ce à quoi nous avions échappé.

Et l'amitié entre Michèle et moi se désintégra du même coup, à la suite d'une quelconque guerre de pouvoir... parce que le général, c'était toujours Michèle.

Angèle

CHAPITRE 9

La rédaction de l'abbé Mouret

J'allais à l'école communale, publique, laïque et républicaine. C'était une grande école de quartier en forme de U, les filles d'un côté et les garçons de l'autre. Au centre, une immense cour de récréation, plantée de platanes et de maronniers, était coupée en deux par un haut mur de ciment qui décourageait toute complicité mixte. Nous entendions les chahuts des gamins derrière ce mur mais ils appartenaient à un autre monde, lointain et incompréhensible, qui ne nous intéressait pas encore.

Équipée de neuf, la queue de cheval nouée d'un bout de ruban, les chaussettes tirées jusqu'aux genoux, je me plaçai dans le rang qu'on m'avait indiqué lorsque la sonnette retentit, le jour de la rentrée. J'étais morte de timidité et totalement ébahie par l'ampleur de cette école si différente de celle de mon village où je connaisais tout le monde. La petite fille qui se rangea à côté de moi me sourit.

« T'es nouvelle ?

— Oui.

— Tu connais personne alors ?

— Ben, non !

— Si tu veux, tu peux t'asseoir à côté de moi en classe.

— Silence dans les rangs ! Mademoiselle Quentric, vous commencez bien l'année, on dirait ! »

Les grands coups de foudre arrivent souvent le plus banalement du monde. C'est ainsi que j'ai rencontré Martine, l'alter-égo de ma jeunesse, ma super copine, ma sœur de sang, mon bourreau, mon âme damnée... ces différents qualificatifs correspondant aux fluctuations de notre incomparable complicité.

Au premier instant de notre rencontre, elle m'offrit son amitié entière, passionnée et exigeante. Pendant huit ans, nous avons vécu côte à côte, accumulant les souvenirs, multipliant les coups pendables, en compétition constante l'une avec l'autre, parfois même en guerre ouverte, sans jamais cesser de nous aimer et de nous protéger. Au grand dam de nos parents et de nos institutrices qui essayaient régulièrement de nous séparer. La vie nous a envoyées vivre aux antipodes mais elle n'a jamais réussi à casser notre affection. À quarante ans de distance – déjà – nous pouffons encore, avec des gloussements de fillettes, à l'évocation de cette école des Grés, théâtre de tant de bêtises.

Qu'aurait été ma vie si je ne l'avais pas rencontrée ? Je me suis souvent posé cette question à laquelle je suis bien incapable de répondre. Je sais au moins ce que je dois à Martine. Dans un premier temps, elle m'apprit à prendre ma place, à faire valoir mes capacités et à m'adapter sans trop de heurts à mon nouvel environnement. Ensuite, elle m'ouvrit les portes du rêve et de la fantaisie. Elle mettait une foi infinie dans tout ce qu'elle aimait et vivait ses jeux avec une exaltation qui me transportait. Elle est encore ainsi. Je n'avais jamais rencontré quelqu'un d'aussi passionné et je n'ai jamais plus rencontré quelqu'un d'aussi passionnant.

Martine était mon général à moi. Par bien des côtés, elle ressemblait à ta Michèle, surtout en ce qui concernait l'exclusivité de notre amitié. Elle me prit sous son aile et, en moins de deux jours, nous fûmes inséparables.

Un peu plus petite que moi, elle était jolie, d'une beauté délicate et un peu fragile : une peau nacrée, de longs cheveux châtains dorés attachés en nattes, des yeux gris-vert, un sourire aux palettes carrées, trop grandes pour sa frimousse d'enfant. Sur le tout, une expression d'une douceur angélique à laquelle il ne fallait surtout pas se fier car le haut front bombé dévoilait une volonté inflexible. Quand elle pensait avoir raison, elle ne cédait jamais et aucune punition n'en venait à bout.

Elle avait de qui tenir. Ses parents se démarquaient nettement de la masse anonyme qui envoyait ses rejetons dans nos classes. Jolie femme blonde aux yeux envoûtants, sa mère était secrétaire. À la suite d'une chute dans sa petite enfance, elle boitait bas et ce handicap lui avait valu de nombreux séjours à l'hôpital. Elle en gardait un regret cuisant qu'elle exprimait avec un courage désinvolte : « Jusqu'à la taille, c'est pas mal... en dessous, il vaut mieux ne pas regarder. » Énergique et volontaire, elle essayait de contrôler au plus serré les folies de sa démone de fille et pestait très souvent contre l'envahissante influence de « Gégèle », surnom distingué dont Martine m'avait affublée.

Monsieur Quentric était un original. Il aurait aimé être artiste-peintre à temps plein et pouvait se vanter d'un joli coup de pinceau. Mais n'est pas Gauguin qui veut! Pour subvenir aux besoins de sa famille, il avait ouvert un atelier de lettrage publicitaire dans la petite rue voisine de la nôtre. Le mur principal de son bureau était orné d'une fresque de son cru représentant Adam et Ève, nus, dans le jardin d'Éden. La première fois que je la vis, la salive resta bloquée dans ma gorge et j'en restai coite d'admiration et de gêne. Lorsqu'il lâchait ses pinceaux, Jean Quentric faisait du judo et pilotait un petit avion, ce qui touchait pour nous aux confins de l'excentricité. Il portait un gros blouson d'aviateur en cuir et promenait une dégaine souriante et décontractée à la Saint-Ex.

Je ne suis pas allée souvent chez Martine. Je ne suis jamais allée dormir chez elle. Ce n'était pas la mode et d'ailleurs nos parents respectifs, trouvant que nous nous voyions déjà bien trop, essayaient de limiter les dégâts en dehors de l'école. D'autant plus que nous étions également d'inséparables pestes au patronage du jeudi (une sorte de garderie après le catéchisme) et de redoutables grenouilles de bénitier à la messe du dimanche. Mais j'admirais sincèrement l'appartement où elle vivait. Il y avait des cabinets privés, le téléphone et, surtout, un immense piano noir qui occupait un mur complet de la salle de séjour. Partout des œuvres du maître des lieux et – comble du raffinement – un buste en plâtre blanc représentant «Madame Quentric au chignon» trônant sur le piano.

Avec des parents comme ça, il est évident que Martine fut initiée de bonne heure aux beaux-arts et à la musique. Elle avait donc des idées bien définies, pas toujours compatibles avec celles de nos institutrices qui péchaient souvent par excès de conformisme. Je me souviens, entre autres, d'une certaine leçon de peinture, en septième, où nous devions essayer de traduire le printemps, les arbres en fleurs, l'herbe verte, les papillons, etc. Médium obligatoire, la gouache. Martine bouda la gouache qu'elle jugea trop épaisse pour traduire les subtilités du printemps et délaya radicalement ses couleurs pour donner à son œuvre des allures d'aquarelle. L'institutrice parlementa, essaya de lui faire entendre raison, peine perdue! La gamine engagea la discussion et, sûre de ses arguments, faillit avoir le dernier mot. À bout de patience, la maîtresse lui colla un zéro et l'obligea à se promener à la récréation, le dessin épinglé dans le dos. (De notre côté de l'Atlantique aussi les épingles de nourrice étaient utilisées à des fins «éducatives».) L'entêtée affronta l'épreuve en crânant, exhibant son dessin avec fierté, rigolant sous les quolibets. J'étais la seule à savoir à quel point elle avait envie de pleurer.

Martine était sûre d'elle et possédait une maturité bien au-dessus de son âge. Ses parents surveillaient de près ses études et elle savait, en cas de vendetta professorale, qu'elle pouvait compter sur l'aide – que dis-je? – sur la complicité de son artiste de père. Nous eûmes l'occasion de le vérifier en classe de cinquième, lors d'un petit scandale qui fit trembler l'édifice autoritaire de notre institution d'enseignement.

Je ne me souviens plus du nom de cette institutrice mais elle m'a laissé le souvenir d'une grande femme laide et bien faite, habillée à longueur d'année d'une blouse marine. Dès le début de l'année, elle avait pris Martine en grippe. Il y avait sans doute quelques bonnes raisons à cette animosité, ma copine n'ayant rien d'une enfant de chœur. Martine avait toujours eu des bonnes notes en français, surtout en rédaction où son imagination débordante trouvait enfin à s'éclater. Cette année-là, notre institutrice ne prisa pas les tournures de style originales et lyriques de mon amie et ses notes chutèrent en catastrophe.

Dans un premier temps, monsieur Quentric engueula copieusement sa fille mais, les choses empirant, il décida d'aller y voir de plus près. Lorsqu'il rencontra l'institutrice en question, il se rendit vite compte que le fiel dont elle couvrait Martine n'avait rien à voir avec la critique constructive qu'une maîtresse d'école normale pouvait exprimer face à une écolière paresseuse ou insolente. C'était plus grave ! L'élève déstabilisait complètement le professeur et le conflit qui les opposait menaçait de tourner en combat de coquelettes. Jean Quentric se rangea du côté de sa fille et n'hésita pas à saper l'autorité de l'enseignante en lui tendant un piège.

Nos sujets de rédaction étaient d'une platitude désolante, du genre : « Racontez vos dernières vacances » ou encore « Votre meilleure amie est malade, écrivez-lui une lettre pour la réconforter ». Sous un énoncé différent, ils nous revenaient pratiquement chaque année et aux alentours de Pâques, par exemple, nous pouvions être sûres qu'une description de jardin fleuri nous pendait au nez. Cette année-là ne fit pas exception à la règle. Monsieur Quentric plongea dans sa bibliothèque et, de mèche avec sa fille, lui fit recopier mot pour mot un extrait de Zola, à savoir la description minutieuse du jardin secret d'Albine dans *La faute de l'abbé Mouret*. Rien que ça !

Peu de pères peuvent se vanter d'un pareil exploit. Mise dans la confidence, je restai béante d'envie. Ce n'est pas moi qui aurais pu bénéficier d'un tel appui, mes parents se rangeant systématiquement du côté de l'école à chacune de mes bêtises, en doublant mes punitions.

La copie de Martine lui revint, barbouillée de rouge, avec une note bien au-dessous de la moyenne et différents commentaires bien sentis sur la prétention d'un tel torchon littéraire. Pauvre Zola ! Je t'accorde que parfois il en tartine un peu épais, mais tout de même! Monsieur Quentric se pointa à l'école, son livre sous le bras, et abreuva l'institutrice de sarcasmes, lui reprochant en vrac son manque de jugement, son parti pris négatif et son abyssale inculture. Tu vois ça d'ici! Le tout se termina au bureau de la directrice chez qui notre maîtresse, en larmes, courut chercher refuge et appui. On parla d'autorité bafouée, d'injustice, de renvoi... Martine fut définitivement étiquetée comme une forte tête, ce qui n'était pas fait pour lui déplaire.

Je pourrais remplir des dizaines de pages d'anecdotes de ce genre. Ne crois pas que j'étais toujours à la remorque de ma redoutable amie, éternelle suivante me délectant de ses éclairs de génie. J'avais les miens. Nos imaginations étaient complémentaires et notre énergie créatrice trouvait peu de limites. Martine habite toujours ma vie. Notre amitié a connu des hauts, des bas et des silences. C'était inévitable! Mais nous obligeons nos routes, si parallèles dans nos choix de vie, à se croiser régulièrement.

Francine

CHAPITRE 10

La crotte maléfique

À cette glorieuse époque, deux semaines avant la Noël, les balcons, avec leurs jolis sapins, foisonnaient de lumières, de rubans et de grelots; les parterres, de crèches et de traîneaux-du-Père-Noël. Les Lessard enveloppaient leur porte d'entrée comme un gros cadeau et lorsque nous tournions la poignée, nous avions l'impression d'entrer dans un rêve. Une sorte de magie qui nous faisait chavirer le cœur comme un petit bateau de papier.

Chez nos grands-parents, nous allions visiter la crèche et nous recueillir durant des heures devant le sapin illuminé, en essayant d'imaginer les cadeaux que nous allions recevoir. À l'odeur de la résine et à celle de la neige artificielle appliquée sur les branches et dans les vitres du salon, se mêlaient les effluves des beignets, des biscuits et des gâteaux aux fruits secs.

Le dimanche, à l'église, nous nous approchions avec lenteur et componction de la crèche grandeur nature où les anges de plâtre agitaient la tête en guise de remerciement pour les pièces de monnaie que nous déposions dans leur sacoche.

Durant l'Avent, papa nous emmenait après le souper et les devoirs faire une promenade pour admirer les demeures illuminées.

Une rue à chaque soir : Manning, Moffat, Beatty, Osborne, Egan...

Cela offrait un répit à notre mère et nous redonnait les belles joues roses qui feraient s'extasier les tantes amateures-de-becs-à-pincettes que nous allions rencontrer dans le temps des Fêtes.

Nous adorions ces promenades et nous nous endormions en reniflant, des étincelles dans les yeux et la hâte dans le cœur.

Dans ce temps-là, notre mère fumait comme une cheminée d'usine et le papier de plomb de ses paquets de cigarettes nous permettait de fabriquer de longues guirlandes qui, pendant la période de Noël, remplaceraient la corde à linge dans le passage.

À cet endroit, au cœur du logement, régnait la *fournaise* à l'huile (l'équivalent de ta salamandre), unique source de chaleur... et d'ennuis. C'était un monstre crachant, pétaradant et nous la considérions tous comme capable de mettre le feu à tout moment de la nuit. Chaque fois que cette vieille fournaise avait des ratés, ma mère se mettait à courir dans le long corridor en se tenant la tête à deux mains. Les combustibles, à l'époque, n'offraient pas la paix de l'esprit comme aujourd'hui. Notre cuisinière au gaz, l'ancêtre du poêle électrique, avait souvent failli faire périr toute la famille. Bien des fois, il a fallu sortir en catastrophe parce que maman sentait, tel un chien renifleur, l'odeur subtile et à peine perceptible du gaz qu'on avait oublié de couper.

Le corridor était si long que nous pouvions y fixer une guirlande artisanale et une ficelle sur laquelle chevauchaient les dizaines de cartes de Noël que nous recevions dès la fin novembre. Celles de tantes lointaines qui habitaient l'Ontario, celles des amis, venues de tous les coins de la province, et même celles des cousins et cousines que nous allions rencontrer le 25 décembre. Ces cartes de souhaits nous faisaient extrêmement plaisir et nous nous disputions toujours pour ouvrir celles qui étaient adressées à la Famille Allard. Quant à celles qui étaient destinées à nos parents, maman était tellement excitée de les ouvrir qu'elle n'a jamais accepté que nous le fassions à sa place. Ça, jamais! Quant à moi, j'appréciais tant que les gens écrivent un petit mot à la main au bas du message imprimé que lorsque la carte ne portait qu'une froide signature, je m'empressais de la déposer d'un geste indifférent sur le fil du passage.

Au salon, pas avant le 15 cependant, nous aidions papa à installer le sapin. À cause des risques d'incendie, maman a été l'une des premières, à Verdun, à adopter un arbre artificiel. Bien décoré, il finissait quand même par avoir de l'allure. Des boules, des lumières-bougies-avec-des-bulles-qui-bouillonnent, des guirlandes, des glaçons, des tas de figurines en bois, des oiseaux avec des queues en forme de balai à pâtisserie et même des cheveux d'ange qui nous piquaient les mains et les bras durant des heures; la crèche avec ses santons et son village tout entier, ses moutons et ses chameaux plus gros que l'étable elle-même et enfin... le petit Jésus de cire que papa avait conservé de son enfance dans les années 20. Tout cela nous comblait d'une joie indescriptible. Nous éteignions les lampes du salon et, sur la musique de Perry Como ou de Bing Crosby, nous pouvions passer des heures à nous laisser bercer dans l'atmosphère mystérieuse de Noël. À la radio, nous écoutions le Père Noël (Ovila Légaré), espérant très fort qu'il prononcerait notre prénom parmi ceux des enfants qui avaient été gentils et qui méritaient des étrennes.

Maman, elle, s'affairait.

Elle cousait pour elle et moi: des tweeds, des velours et des taffetas de laine, des dentelles et des rubans de satin pour nos robes des Fêtes.

Elle cuisinait aussi: des tourtières, des ragoûts et d'ingénieux desserts. Le 22 ou le 23 décembre, elle fabriquait des «bonhommes» en pain d'épice qu'elle enveloppait dans une longue pellicule de plastique et séparait par un ruban rouge. Elle suspendait le tout au plafond du salon à côté du sapin. Tout près, elle accrochait au bout d'une longue ficelle verte les petits ciseaux dorés qui serviraient à chacun à délivrer son petit bonhomme. Quelle joie c'était!

Papa, lui, fabriquait une espèce de pudding au suif, aux noix et aux raisins secs. L'on en retrouvait une portion tous les lendemains de Noël derrière une lampe, abandonnée par un convive repu.

Le 24, avant le réveillon, nous allions chez les parents de papa recevoir nos cadeaux. Vers vingt heures, nos tantes, notre grand-mère et maman s'agitaient tout à coup. Le Père Noël arrivait. Hop! tout le petit monde devait se cacher dans la chambre du fond.

Les hommes de notre vie entraient dans le jeu: papa et les oncles sortaient les cadeaux des coffres des voitures et garnissaient le dessous du sapin argenté qu'illuminait un réflecteur à quatre couleurs alternantes (grand-père Osias, emphysémateux, était incapable de participer à l'effort). Peu après nous parvenaient des «Oh! Oh! Oh!» bien rythmés, où se reconnaissait à peine la voix de l'oncle André.

Quand nous entendions enfin la porte de l'entrée se refermer, nous nous échappions de la chambre comme une volée de jeunes moineaux, à travers les rires excités des femmes. Nous nous étonnions d'abord de la montagne d'étrennes puis, assis dans le plus sage des silences, nous attendions celles qui nous étaient destinées.

Belle façon de mesurer la richesse de certains oncles qui nous en mettaient plein la vue en offrant des cadeaux de grande valeur à leurs rejetons.

Chez nous, mon frère et moi en recevions un ou deux... selon notre âge.

L'année de mes huit ans, j'avais demandé une montre à mes parents.

Quand ce fut mon tour, je reçus de la main de notre grand-père, qui officiait en Père Noël, un petit présent enveloppé dans l'emballage des Fêtes de la quincaillerie de papa.

«À Francine, de ton papa et ta maman», lut grand-père avec emphase et en plissant les yeux.

Tous gardèrent un respectueux silence. Mais le rire à peine contenu de mes cousins Pierre et Claude aurait dû m'inquiéter.

La célèbre petite boîte bleue de chez Birks apparut entre mes doigts fouineurs et nerveux. Mon père, excité, me cria:

— Ouvre, Francine! On a hâte de voir, nous autres!

J'ouvris.

Quelle horreur! Mon affreux géniteur, Jacques Allard, s'était procuré dans le magasin de farces et attrapes du gros Robert une réplique bien tournée d'une crotte de chien en plâtre!

Tous, mes cousins surtout, se moquèrent si bien de moi que je fondis en larmes. Le célèbre joueur de tours avait frappé juste.

Je reçus ensuite la montre tant désirée, apprenant par le fait même que je n'avais pas le sens de l'humour. Cette lacune, je l'attribue au rire satanique de mon cousin Claude, que je n'oublierai jamais.

Nous n'allions pas à la messe de minuit (pas plus qu'à celle de onze heures) parce que papa n'avait jamais accepté le privilège qu'avaient certaines familles riches de la paroisse de «posséder» un banc à l'avant de l'église tandis que nous, et bien d'autres, devions nous entasser à l'arrière. Pas que notre père n'eût pas l'argent nécessaire pour nous payer des sièges, mais il était socialiste. Au nom de quoi les riches auraient-ils eu le droit d'être plus proches de Dieu dans les bancs d'en avant?

Maman, elle, qui avait vécu une enfance très pauvre à Saint-Rémi-de-Napierville, considérait qu'on était plus proche du beau chant en s'assoyant sous le jubé.

Le soir du 25 décembre, après une bonne nuit de sommeil, nous assistions à la plus grosse fête de Noël de Verdun.

Nos grands-parents du côté maternel habitaient la rue Leclair dans le quartier Crawford Park, près du fleuve.

Grand-mère Éva recevait quarante-cinq personnes. Vingt-sept cousins et cousines pour s'amuser! Ah, il y avait bien parmi eux quelques petits emmerdants comme dans toutes les familles, mais il y avait surtout notre cousin Jean. Avec les filles de tante Gertrude, celui-ci organisait avec patience et charisme (il est devenu justement prêtre charismatique) un superbe «programme amateur».

À tour de rôle, nous nous levions pour danser, chanter ou réciter un petit compliment appris à l'école.

Moi, j'avais fréquenté la classe de Mademoiselle Picard (devenue la comédienne Nathalie Naubert) et lorsque j'entreprenais de réciter avec un petit accent français semblable au tien : «Je vous trouve, ma poupée, bien souvent inoccupée. Il faut vous prendre le bras pour vous faire faire un pas... vous dites toujours : demain, jamais une aiguille en main!...», mon cousin Michel se roulait par terre et entraînait les autres dans une longue rigolade qui prenait fin lorsque l'oncle Maurice venait les menacer de leur couper les oreilles.

Nous ne remontions du sous-sol que pour le Jello à face de bouffon que grand-mère Éva nous avait confectionné avec des petites guimauves et de la gelée de fruits. Pour atteindre la cuisine, il fallait trancher l'épais rideau de fumée qui aveuglait les fumeurs pérorant et coassant autour d'un gin-tonic ou d'une vodka-jus d'orange.

Ce furent les Noëls de ma douce enfance.

Ce furent ceux de milliers d'enfants de mon âge.

Je regrette aujourd'hui d'avoir égaré ma tendre quiétude, mes émerveillements et ma folle jeunesse. Il me semble bien que nous possédions, à cette époque, le véritable sens des choses.

CHAPITRE 11

Jean-Claude

Pauvre Francine! Je suppose qu'à la suite de ta mésaventure scatologique, tu as développé une allergie aux petites boîtes bleues de Birks. Comment dis-tu déjà, «un *rash* d'eczéma au sang»? Comme quoi certaines blagues anodines peuvent se révéler beaucoup plus cruelles que prévu.

Accorde-moi qu'à défaut de psychologie, le décor y était. Je t'envie tous ces souvenirs heureux, riches d'odeurs, de couleurs et de chansons. Les Noëls québécois sont tout à fait conformes aux cartes de vœux enjolivées de poussière brillante sur lesquelles je rêvais: toits enneigés, arbres alourdis et fantômatiques, cheminées aux fumées verticales, cieux d'ardoise charriant des nuages de tempêtes, enfants aux pelures colorées dévalant les pentes ou faisant des huit sur la glace...

Depuis que je vis au Québec, je suis très sensible à la merveilleuse supercherie de Noël, probablement parce qu'elle me console des 25 décembre ternes et froids de mon enfance gennevilloise. À la mi-décembre, je sors mes cassettes de cantiques et je me laisse couler avec délices dans ce que tu appelles «la plus pure quétainerie». Que veux-tu, Nana Mouskouri chantant avec les anges sur fond de tourtière, je trouve ça génial! Personne ne peut m'extraire de ma cuisine, je rameute tous les membres de ma tribu, je décore jusqu'à la porte de cave, je suis insupportable d'allégresse et deux jours avant le réveillon, je pense que je vais claquer d'une crise cardiaque. Ça te dit quelque chose, non?

Ne fais pas la mauvaise tête et surtout ne me dis pas que j'ai oublié en cours de route l'esprit de Noël pour sombrer corps et âme dans l'illusoire de la consommation. Ça m'est bien égal! Au milieu du fouillis des papiers froissés et des choux décoratifs (que je recycle!), je suis convaincue de retrouver le véritable esprit des Fêtes: celui du partage et du don de soi. Ceux qui paient de leur personne n'ont-ils pas la meilleure part?

Mes Noëls à Gennevilliers ne m'ont pas laissé beaucoup de souvenirs impérissables. C'était décembre et il faisait froid. L'hiver parisien est fait de pluie et de grisaille, de ciel chargés et de verglas sournois, de rhumes frileux et de pieds gelés. L'aspect religieux de la fête était très marginal chez nous. Louisette et moi allions à la messe, le matin de Noël, mais comme Frédo ne voulait pas entendre parler d'église, nous n'osions nous aventurer, seules dans les rues sombres, pour aller à la messe de minuit.

Ma mère avait l'habitude de décorer un petit sapin, haut de cinquante centimètres au max. Après l'avoir planté dans un pot de fleurs, elle l'habillait de deux guirlandes poussiéreuses et, une dizaine de boules multicolores plus tard, le tour était joué. Sur le bout des branches, nous ajoutions quelques petites bougies enfoncées dans des pinces-bougeoirs en forme de fleurs. Défense formelle de les allumer, on pouvait faire griller la maison!

Pour nous, Noël était surtout synonyme d'agapes et de libations. Tu vas encore dire que les Français ne pensent qu'à bâfrer! Tu peux bien parler, toi qui exaltes la moindre gousse d'ail avec des adjectifs à faire saliver un mort.

Je me souviens sans plaisir de ces interminables déjeuners de Noël en compagnie de la sœur, du beau-frère et des neveux de mon père qui nous évitaient le reste de l'année. C'était toujours le même cirque. Apéro et pailles au fromage sur considérations météorologiques un peu guindées. Huîtres et vin d'Alsace pour dégeler l'atmosphère. Dinde aux marrons et Bordeaux pour délier les langues et rire fort au souvenir des folies anciennes. Au fromage, le ton montait et commençait à sentir aussi mauvais que le Munster. À la bûche de Noël, les haches volaient bas. On débouchait le mousseux en plein règlement de comptes et la salade de fruits était noyée dans les pleurs et les grincements de dents. La fête dérapait et plusieurs fois nos invités partirent en claquant la porte, s'assurant d'une année entière pour digérer festin et rancune.

Ma mère qui était toujours de corvée aux fourneaux, sortait de ces confrontations consternée et épuisée. Mon père finissait en fulminant toutes les bouteilles entamées et s'échappait pour continuer à déguster sa hargne dans les quelques bistrots du quartier restés ouverts. Nous savions qu'à son retour le ciel allait nous tomber dessus et que le moindre battement de cil nous vaudrait une corrida. En quatrième vitesse, nous lavions et rangions la vaisselle, faisant disparaître toutes les traces de la débâcle. Nous passions le reste de la soirée l'une contre l'autre, près de la salamandre, à écouter de la musique de Noël en sourdine, en regardant notre petit sapin aveugle. Je m'endormais bien avant d'entendre le pas chaloupé de Frédo dans l'escalier. Ma mère l'attendait.

J'ai cru au Père Noël jusque vers huit ans environ mais je t'avoue qu'à cet âge-là, mes convictions commençaient sérieusement à s'effriter. Raymonde Gautier sonna le tocsin de mes illusions en m'assenant la brutale vérité dans la cour de récré : c'était son propre père à elle qui faisait le bonhomme Noël au Monoprix de Clichy. J'eus beau lui rétorquer qu'on parlait du bon vieillard dans tous les journaux et à la radio nationale, elle me rit au nez en me traitant de « grande nouille ». Martine, qui avait découvert la vérité depuis longtemps, m'aida à tourner la page sur cette inestimable perte.

Seul dans son genre, mon premier Noël à Gennevilliers – celui de mes sept ans – m'a laissé un tendre souvenir. En faisant sa tournée cette nuit-là, le mystérieux bonhomme avait déposé pour moi une grosse boîte de carton. Le lendemain matin, le soleil qui jouait dans les persiennes me réveilla. Je me levai sans bruit et en ouvrant la porte de la cuisine, je restai figée devant cette incroyable boîte où mon nom était inscrit. À côté, un paquet de taille plus modeste m'était aussi destiné. La boîte était légère et bien intrigante et je me décidai à l'ouvrir, sans attendre une quelconque permission de mes parents qui dormaient encore.

Couché sur le carton, un gros baigneur en celluloïd me souriait, les yeux fermés. Je le pris dans mes bras et son intense regard bleu me sauta au cœur. Ses paupières étaient frangées de vrais cils. Tout nu, il ressemblait à un nouveau-né potelé. Les mains tremblantes, je déballai le second paquet qui contenait une layette de bébé pour réchauffer mon nouvel amour. Bonnet, chaussons, barboteuse et petit chandail, tout était tricoté à la main dans le bleu et le blanc. J'habillai mon bébé et lui trouvai vraiment fière allure.

C'était le plus beau jouet que j'avais jamais possédé et il me comblait de bonheur. Je le baptisai Jean-Claude. Après l'avoir admiré durant plusieurs minutes, je poussai la porte de mes parents. Petit lutin en pyjama, les cheveux ébouriffés et les yeux humides de lumière, ma joie devait être contagieuse car je me souviens fort bien du sourire complice de Frédo et de Louisette lorsque je leur présentai mon trésor: «Regardez, il était dans la cuisine. Le Père Noël l'a laissé pour moi!»

Dorénavant, Jean-Claude partagea tous les jeux de mes heures solitaires. Il ne me contredisait jamais et son sourire peint semblait approuver tout ce que je faisais. J'aimais le laver, l'habiller et l'asseoir dans mon champ de vision. Parfois, je le punissais pour des fautes imaginaires, exorcisant du même coup mes propres bêtises.

Jean-Claude fut victime d'un accident tragique qui changea du tout au tout mon attitude envers lui. L'été suivant, mon cousin Gérard vint passer quelques jours de vacances chez nous. Il se montra fort intéressé par mon bébé mais refusa catégoriquement de jouer au père et à la mère, scénario qu'il méprisa en le qualifiant de «jeu de pisseuses». Par contre, il accepta de faire le docteur et se mit à examiner mon enfant malade sous toutes les coutures. Lors d'une consultation animée, il tenta d'introduire une petite cuillère dans l'œil du bébé dont le globe oculaire au complet s'enfonça. Je criai au meurtre!

Gérard, qui n'était jamais à court de bonnes idées, m'assura qu'on pouvait remettre le tout en place en glissant une baguette par le trou de l'épaule où le bras s'articulait. J'acceptai de le laisser faire. Je n'aurais jamais dû! Mon cousin coinça mon fils entre ses genoux et tira de toutes ses forces sur un des bras afin d'introduire le bout de fil de fer qui devait replacer le regard. Ledit bras était retenu par un ressort qui n'avait jamais été prévu pour un traitement pareil. Le membre lui resta dans la main et je me retrouvai, pleurant comme un veau, avec un rejeton borgne et manchot. Tu ne peux imaginer ce que j'ai pu lui en vouloir de cet assassinat involontaire.

Mon père n'était pas très bricoleur mais il parvint tant bien que mal à réparer les dégâts. Jean-Claude ne fut plus jamais le même. Il louchait et son bras handicapé devait être manipulé avec la plus grande douceur. Il continua à trôner sur mon oreiller pour surveiller mes rêves mais il perdit beaucoup de mes faveurs. L'enchantement brisé n'était pas réparable!

Francine

CHAPITRE 12

La communion solennelle

Si tu n'as pas connu la récitation du chapelet en famille, je te dirai que celle-ci avait quelque chose de très touchant. Elle constituait pour les miens l'unique expression de notre appartenance au catholicisme. Depuis que j'ai accédé à la vie adulte, je n'ai plus jamais connu de moments d'une telle quiétude. Si cette même religion catholique a pu tyraniser certains écrivains québécois, elle ne m'a pas marquée, moi, de la même manière. Peut-être parce que je me suis glissée hors de son rayon d'action dès que j'ai commencé à sentir son emprise.

Papa aussi avait un peu cessé de croire. Il quitta un jour le confessionnal avec emportement. Le confesseur lui avait imposé toute une liste de «pénitences» parce qu'il ne comprenait pas qu'un marchand de vis et de peinture aussi à l'aise ait pu n'avoir que deux enfants. L'empêchement à la famille, comme on disait à cette époque, était sans conteste le péché le plus grave après le meurtre. Et papa, dans une colère de grand félin, avait claqué la porte du petit cagibi avec tant de force que trois lampions à vingt-cinq cents s'étaient éteints devant une douzaine de pénitents (ils avaient l'air d'être réunis en tribunal d'inquisition). Ce soir-là, comme tous les soirs, après avoir bien soupé et fait la vaisselle, nous priâmes, agenouillés devant notre poste de radio. Le chapelet commençait par le *Je crois en Dieu*. Nous récitions les yeux fermés, notre chapelet de cristal de roche à la main, en prononçant chaque syllabe comme un exercice d'articulation. Puis, après la deuxième dizaine de *Je vous salue Marie*, nos yeux se mettaient à aller et venir d'une mouche laborieuse à un dessous de semelle usée; nous commencions à nous gratter le nez ou l'oreille avec frénésie ou à tousser assez fort pour notre père se fâche, ou mieux, nous fasse signe de sortir de la cuisine.

Jamais nos parents ne répondaient à une question ou ne s'occupaient de nos besoins tant que le cardinal Paul-Émile Léger n'avait pas prononcé son dernier «Ainsi soit-il» sur le ton monocorde que nous lui connaissions. Pendant le chapelet, Jacques et Yolande demeuraient à genoux côte à côte, sur de petits prie-Dieu que grand-père avait construits pour eux. Ils devenaient totalement sourds, comme deux amoureux passionnés, croyions-nous.

À la fin, notre père baisait le Jésus sur la croix, puis, à l'occasion, disait une petite prière de son cru destinée à nous culpabiliser. Un soir où nous fûmes punis pour nous être moqués du cardinal Léger et de ses lépreux, papa ferma les yeux, joignit les mains et dit: «Seigneur, protégez mes petits enfants contre la maladie, aidez-les à respecter les gens et... faites que le cardinal Léger devienne pape. Ainsi soit-il.»

Maman le regarda avec étonnement. Pourquoi diable voulait-il que le saint homme devienne pape? Notre père lui chuchota à l'oreille, mais mon frère et moi l'avons très bien entendu: «S'il devient pape, il aura certainement pus l'temps de réciter le chapelet... On devra le remplacer... Il a tellement l'air épuisé...»

Mon cours primaire se termina avec la communion solennelle. J'avais presque treize ans et j'avais hâte. Pour mériter de la faire, je devais revoir et étudier par cœur les grands dogmes de la religion catholique, les 790 questions du Petit Catéchisme, et passer «des examens très difficiles», nous avait prévenues Mademoiselle Lebel, notre enseignante de septième.

Cécile Lebel était une institutrice d'une quarantaine d'années, aussi célibataire qu'un oursin. Elle était «emmanchée d'un long cou» et affublée d'un menton fuyant comme une anguille. Elle avait le ton sec et aimait surtout s'amuser à nos dépens, juste un peu, pour nous apprendre que le ridicule ne tuait que celles qui en avaient peur.

Aux examens de classement pour le secondaire, elle savait que je convoitais ardemment le cours classique, haut-lieu de la ploutocratie québécoise. Le jour des résultats, Mademoiselle Lebel nous lut la liste de celles qui étaient admises à l'école Margarita, la seule institution publique de Verdun qui dispensait le fameux cours classique. Mon nom n'y figurait pas. Tu imagines un peu. Ce cours classique nous permettait de nous distinguer des autres en nous donnant accès aux études supérieures et à la grande culture. On y apprenait le grec et le latin, les langues, l'histoire du monde et, surtout, les rudiments de la philosophie, qui conduisait invariablement à la crise existentielle. Le cours classique nous donnait les moyens de devenir «quelqu'un de bien». Pour ma mère, cela était de la plus haute importance. Elle qui n'avait pas pu poursuivre ses études voulait pouvoir s'enorgueillir d'avoir une fille érudite.

J'étais terrassée. Mon cœur se mit à battre, à clapoter puis à s'emballer comme un étalon amoureux. Après m'avoir fait languir durant plus d'un quart-d'heure, l'institutrice me jeta un regard coquin, puis un sourire de travers et ajouta : «Ah! mesdemoiselles! Suis-je assez dans la lune! J'allais oublier ma Francine!» Je fus ravie et choquée à la fois. Elle l'avait fait exprès!

La communion solennelle, une cérémonie fort pompeuse, réunissait les garçons et les filles de l'école à l'église Notre-Dame-de-la-Garde où s'entassaient aussi les parents, les grands-parents, les frères et les sœurs. Pour me vêtir, maman avait fouillé dans les boîtes de la cave et avait fini par dénicher le voile de première communion que j'avais porté à six ans. Elle envoya nettoyer ma tunique bleu marine et m'acheta une blouse blanche au magasin général.

Quelques semaines plus tard, ce fut la Fête-Dieu, une vaste parade où les communiants de septième pouvaient revêtir de nouveau leurs beaux atours et devenir les héros d'un soir.

Nous nous rendîmes tous et toutes à l'église avec nos lumignons de carton, où brûlait un cierge blanc. Sur les parois apparaissaient les paroles des cantiques que nous avions ordre de chanter. Cette boîte était notre cadeau de finissant; autrement, il aurait fallu la payer un dollar.

Nous formions, derrière les petits de première année, une belle ligne de nouveaux communiants «solennels». Pendant que nous chantions *Ô Jésus, ô Jésus, doux et humble de cœur, rendez mon cœur, rendez mon cœur semblable au Vôtre...*, le rire nous nouait la gorge à cause d'une blague qui circulait à notre école: l'histoire d'un cul-de-jatte qui, implorant le Seigneur de rendre sa jambe semblable à l'autre, fut exaucé. Son autre jambe se retrouva... coupée sous le genou.

Monsieur le curé Gélinas et parfois Madame Dusablon, la *cheuffe* des filles d'Isabelle, entamèrent à tour de rôle des litanies en latin auxquelles les élèves, par centaines, répondaient par des *ora pro nobis* nasillards.

Cor Jesu, victima peccatorum, miserere nobis; Pater de caelis, ora pro nobis.

Qu'ils en connaissaient des épithètes de Dieu et des noms de saints!

Et quand le chœur de la paroisse entonna le *Jésus Eucharistie*, nous avions hâte d'appuyer solidement sur le dernier mot de «Devant la blanche HOSTIE» en bénissant le ciel de nous donner le droit de jurer aux frais des dames patronesses.

C'était d'ailleurs la seule phrase que nous connaissions tous étant donné que le reste se passait en latin.

Moi et mon amie Diane Denault, nous excellions dans le tonitruant *Tantum ergo, sa-cra-men-tum*! car, depuis notre deuxième année, nous étions membre de la chorale de Madame Crépeau. J'insistai tant sur le *venemur CER-NU-I-I-I* que Monsieur Dubé a été obligé de rallumer trois fois ma chandelle.

Personnellement, ma ferveur était diminuée par la présence de nombreux garçons du secondaire et des Anglais du Verdun High School qui, quoique protestants, suivaient la parade en bicyclette en nous tapant des clins d'œil significatifs.

Je devais quand même me bien tenir car, cette année-là, un reposoir de la Fête-Dieu avait été installé chez mon grand-père Osias et la procession ferait escale devant sa porte.

Les marches, les fenêtres et le dessus de la galerie étaient recouverts de papier immaculé et ornés de magnifiques corbeilles de fleurs, de lumières et d'inscriptions dorées. Les drapeaux du Vatican volaient comme les foulards de soie des femmes qui murmuraient des prières, les yeux entrouverts pour ne rien manquer de la cérémonie.

C'est ce moment-là que nous choisîmes, Johanne Amyot et moi, pour quitter notre escadron. Nous avions bien l'intention de nous rendre au pied du magnifique reposoir mais la foule, trop nombreuse, eut raison de notre audace.

«J'ai une idée. Suis-moi!» lançai-je à mon amie.

Johanne Amyot était la brebis galeuse dont ma mère m'avait défendu de partager les jeux. Elle était la plus jeune de sa famille. Brune, le visage rousselé comme un œuf de dinde, elle utilisait déjà, à douze ans, du maquillage pour se vieillir et j'avais ordre de ne même pas lui adresser la parole.

Nous nous dirigeâmes sans bruit vers la porte arrière de la maison de grand-père, notre but étant d'atteindre la galerie de l'intérieur pour admirer de plus près la riche installation.

Sans crier gare, j'ouvris la porte qui donnait sur la galerie et me retrouvai en plein décor, empêtrée dans les corbeilles de glaïeuls et de chrysanthèmes. Enfer! Le reposoir «reposait» de toute sa splendeur sur la porte. Je l'avais renversé! Des cris fusèrent. Des rires aussi lorsque les fidèles m'aperçurent emportant dans ma chute banderolles et drapeaux.

Mes parents, en adoration devant le corps du Christ, ne mirent pas plus d'une minute à gravir l'escalier pour m'enguirlander devant la foule pieuse qui nous observait.

Je n'ai pas besoin de te dire que je fus confinée à ma chambre pour une semaine, privée de bicyclette et de la présence de mon amie Johanne Amyot qui, pourtant, n'avait rien fait de mal.

Cette nuit-là, très tard, j'entendis mes parents rigoler sous les couvertures. Maman disait:

« Imagine un peu si le feu avait brûlé tous les bouquets de fleurs en kleenex des dames de Sainte-Anne !

— Je vois encore ma Francine, avec son voile de travers, les banderoles sur la tête et la grosse Mme Laframboise qui voulait l'étrangler. »

Ils ont ri durant au moins dix minutes.

Je fis ma pénitence jusqu'au bout mais je ne leur en voulus pas de m'avoir semoncée.

Je les avais fait rire. Rien de moins.

Angèle

CHAPITRE 13

Le match de foot

Moi aussi j'ai fait ma communion solennelle, qu'est-ce que tu crois? Nous vivions dans une banlieue communiste, mes parents votaient rouge foncé, mais Louisette était catholique et tenait à mettre toutes les chances de notre côté. Il ne fallait pas mêler les torchons et les serviettes. Avoir des convictions religieuses était une chose qui n'avait strictement rien à voir avec la politique!

Frédo bouffait du curé depuis sa plus tendre enfance et ses différents séjours dans les camps allemands n'avaient pas réussi à le faire basculer dans le mysticisme. C'était plutôt l'inverse qui s'était produit. Il respecta cependant le désir de ma mère et se soumit de mauvais gré à l'exercice, épuisant pour le porte-monnaie et la patience, que représentait alors la «Grande Communion».

Et qu'en disait la principale intéressée? Je tenais beaucoup à faire ma communion mais, je l'avoue à ma courte honte, l'événement tel que je l'envisageais tenait de la plus parfaite futililé. Pendant toute une journée, le monde allait tourner autour de moi. Vêtue d'une vaporeuse robe blanche, j'allais descendre la grande allée de l'église d'un air extasié, sous l'œil admiratif de la foule... j'allais faire ma visite de quartier pour distribuer mes belles images en dentelle à mon professeur, mes amies, ma crémière et mon charcutier... la parenté invitée au banquet en mon honneur allait me couvrir de cadeaux... et puis, il y avait ce nouvel abbé, qui chantait les cantiques comme Gilbert Bécaud et dont j'essayais d'attirer l'attention par le spectacle de ma foi édifiante. Plein de bonnes raisons, tu ne trouves pas?

À douze ans, je ne comprenais pas ce qu'était la foi, tout entière tournée vers le décorum de l'église, l'odeur de l'encens, les chants liturgiques que je braillais avec conviction et le patronage du jeudi après-midi où je retrouvais Martine dans notre cachette du bosquet de troènes, derrière le presbytère.

Pour prétendre aux mystères de la Sainte Table, nous devions subir une instruction religieuse de trois ans en plusieurs étapes. Nous allions au catéchisme le jeudi matin. Une religieuse, Sœur Marie, nous serinait les rudiments de l'Histoire Sainte, de l'Ancien au Nouveau Testament. J'aimais beaucoup sa générosité, son ample poitrine, sa cornette de travers, ses taches de boue sur la jupe et son immense tendresse. Elle nous appelait «p'tit loup» et comprenait fort bien les protestations de nos postérieurs turbulents, immobilisés sur les sièges durs de la sacristie. Elle fermait les yeux sur nos bâillements, nos chuchotis et évitait de regarder les livres que nous lisions avec application et qui n'avaient rien à voir avec le petit catéchisme.

Parlons-en de ce livre de catéchisme! Il était abondamment illustré de gravures hyperréalistes qui nous décrivaient avec un luxe de détails les délices du paradis aussi bien que les tourments de l'enfer. Les artistes dévolus à cette tâche n'y étaient pas allés avec le dos de la cuillère. À la limite, le texte n'avait pas grande importance: le message passait! Je me suis souvent perdue dans les méandres de ces illustrations qui m'impressionnaient beaucoup: Dieu-le-Sévère sur son nuage, Abraham le couteau brandi au-dessus de son fils, Moïse en furie brisant les Tables de la loi, Satan accueillant ses nouvelles recrues aux portes de l'enfer, le Purgatoire où les trépassés aux yeux vides semblaient tellement s'enquiquiner... Quand on y pense, toute cette imagerie était d'une violence inouïe mais comme elle était là pour sauver les âmes, personne n'y trouvait à redire.

Nous commencions cette instruction religieuse vers huit-neuf ans, celle-ci devant culminer dans l'apothéose de la communion solennelle. Pour y arriver, nous devions passer par l'épreuve de force du confessionnal et nous creuser les méninges pour trouver quelques bons gros péchés croustillants. Ensuite, venaient les affres de la communion privée, beaucoup moins importante en France qu'elle ne l'était chez toi. Terrible ! Nous avions tous une peur bleue de nous retrouver avec la bouche pleine de sang si nous touchions l'hostie d'une seule dent. Nous nagions dans le pur folklore, et à quelques exceptions près, nous ne mesurions pas vraiment la dimension spirituelle des gestes que nous posions.

Les communions avaient lieu en mai. Les jeunes aspirantes manquaient l'école pour une grande retraite de trois jours destinée à nous préparer à l'événement. Le curé nous prenait en main : plus question de rigoler car ceux qui étaient recalés à l'examen final écrit pouvaient se voir refuser le Sacrement. Tu imagines, recalé à la Communion Solennelle, c'était vraiment l'ignominie ! Tout le monde se forçait et je n'ai jamais eu connaissance d'un gamin laissé en rade pour cause de mauvaise note.

La cérémonie avait lieu un samedi. Après la grand'messe, les petites communiantes venaient faire la nique aux mécréantes de l'école sous prétexte d'offrir des images saintes à leur institutrice et à leurs compagnes oubliées par la grâce divine. Ennuagés de mousseline, des dizaines de papillons blancs s'envolaient dans le grand escalier triste. C'était un spectacle charmant et quelque peu ironique : toutes ces petites, imprégnées momentanément de sainteté, méconnaissables dans leurs grandes robes, qui s'aventuraient dans l'antre de perdition de la laïcité, afin de prêcher par l'exemple.

Les laissées-pour-compte se partageaient en deux camps : les convaincues qui se muraient tant bien que mal dans l'indifférence, et les envieuses qui auraient tout donné pour être à notre place et qui mendiaient sans vergogne nos belles images pieuses. Les élèves des petites classes s'agglutinaient dans les fenêtres pour voir passer le défilé des communiantes en poussant des «Ha!» et des «Ho, un jour ce sera mon tour!» Toutes en rêvaient et les institutrices avaient bien du mal à les faire redescendre sur terre.

Martine et moi avons fait notre communion solennelle le 24 mai 1958. Pour toutes sortes de bonnes et de mauvaises raisons, cette journée-là fut un événement grandiose dans ma vie de fillette.

Ma mère prit la direction des opérations. Sa fille unique faisait sa communion, pas question de rater ça! Tout d'abord, elle se débrouilla pour me dénicher une tenue convenable. Elle aurait pu se simplifier la vie en louant une aube mais elle préféra pour moi la grande robe classique. Une de ses collègues de travail lui prêta le voile en mousseline et le béguin sur lequel on l'épinglait. Les religieuses chez qui elle travaillait à ce moment-là m'offrirent une aumônière brodée et un mouchoir à mes initiales. Une amie de ma tante Andrée nous passa le jupon long en coton. Restait la fameuse robe. Ma mère l'acheta de seconde main dans une obscure friperie de l'avenue de Clichy. Elle avait un petit col Claudine, une bande de broderie en croisillons sur la poitrine et des plis Religieuse – on s'en serait douté! – pour égayer la jupe.

Bien sûr tout cela n'était pas de la première fraîcheur. Robe, jupon, voile et béguin macérèrent un bon bout de temps dans une solution au bleu afin de retrouver leur blancheur virginale. Ensuite, ma mère s'embarqua dans l'épreuve infernale du repassage : amidon trop épais, vieux fer baveur de rouille et faux plis récalcitrants. Cette séance de grand art se solda pour moi par une paire de gifles, la tension trop forte et les miettes de biscuit échappées par mégarde sur la planche à repasser ayant fait déborder la patience maternelle.

Ma mère avait également prévu un banquet. Ceux qui étaient riches pouvaient se payer le luxe d'une réception au restaurant mais pour nous, c'était hors de question. En comptant les adultes et les enfants, nous devions être dix-sept. Je ne sais pas si tu te rends compte, mais elle parvint à caser tout le monde dans notre petit trois pièces, les enfants dans la cuisine et les adultes dans la salle de séjour dont elle avait, sans aucun doute, réussi à pousser les murs. On emprunta vaisselle, couverts, chaises, tables et nappes aux voisins.

À cette époque, le petit Butagaz avait été remplacé par une gazinière à quatre ronds dont le four de dimensions respectables permettait quelques incursions du côté de la grande cuisine. Louisette cuisinait bien. Elle s'aventurait rarement dans les recettes compliquées mais elle avait le goût des saveurs authentiques et ce qu'elle nous mijotait était toujours relevé et cuit à point. Pour l'occasion, elle se surpassa et fit tout elle-même. Seule exception, la pièce montée en petits choux caramélisés, coiffée d'une mini-communiante sur un socle en nougat, avait été commandée chez le pâtissier.

Le grand jour arriva. La météo avait commandé du soleil. Dans l'enceinte de l'église, les massifs d'iris mauves étaient tous en fleurs. Sœur Marie nous plaça par ordre de grandeur, les plus petites devant, et nous inspecta sous toutes les coutures. Pour elle, cette journée était l'aboutissement d'efforts quasi herculéens. Naturellement, la girafe que j'étais se retrouva en queue de file.

Dès que l'harmonium se mit à dérailler, le cortège s'ébranla, les filles en blanc à gauche et les garçons en costume foncé et brassard blanc au bras à droite. Nous avions eu peu d'occasions de rencontrer les jeunes animaux mâles qui postulaient en même temps que nous et malgré le recueillement de rigueur, nous ne pouvions nous empêcher de leur jeter des œillades et de supputer les chances d'avoir celui-ci ou celui-là comme «cavalier». Crois-le ou non! Cette année-là, il y avait une fille de plus et C'ÉTAIT MOI! Je fis mon entrée seule dans l'église, mortifiée autant que tu peux l'imaginer.

Tout se passa pour le mieux! Gilbert Bécaud était en voix. L'église était pleine à craquer. La messe était certes un peu longue mais j'avais largement de quoi me distraire: «Tiens, Denise Moulin a reçu une nouvelle montre.

— Michelle Vallières est tellement pâle qu'elle va sûrement tourner de l'œil!

— Regarde-moi un peu cette grande pimbêche de Loiseau, pour qui elle se prend avec son voile brodé!

— A-t-elle bientôt fini, cette empotée de Myriam, de me pousser à chaque fois qu'elle s'agenouille ?

— Qu'est-ce-que j'ai faim ! Est-ce que j'aurais été en état de péché mortel si j'avais mangé une seule petite biscotte ? »

Au retour de la Sainte Table, quelqu'un marcha sur mon voile et le petit béguin qui le retenait glissa sur ma nuque. Sœur Marie m'empoigna par le bras et replaça ma coiffure, l'œil courroucé, sans se soucier de l'épingle qui écorchait mon cuir chevelu.

Dans le vacarme joyeux des cloches, ma mère me récupéra à la sortie et après ma visite à l'école, nous rentrâmes à la maison bras-dessus, bras-dessous. Frédo avait préféré nous y attendre en compagnie d'une bouteille de Bourgogne. J'engloutis sans respirer le casse-croûte jambon-beurre que ma mère avait prévu tandis qu'elle profitait du répit avant les vêpres pour donner un ultime coup de fer à mon voile et touiller une dernière fois ses chaudrons.

Sur le coup de deux heures, mon cousin Gérard arriva avec ses parents, un ballon de foot tout neuf dans les bras. Pendant que les adultes échangeaient les derniers potins familiaux, il m'entraîna sur la place Jaffeux pour me montrer ses dernières prouesses au botté. Allais-je me morfondre longtemps, assise sur un banc, à le regarder dribbler, faire des passes et shooter ? Sûrement pas ! En moins de cinq minutes, nous étions engagés dans une partie d'enfer et la robe blanche retroussée jusqu'aux genoux, je courais comme une perdue à la poursuite du ballon. Je parvins à marquer je ne sais combien de buts imaginaires mais, au cours d'une passe périlleuse, j'entendis un CRAC sinistre qui bloqua net mes élans sportifs. Ma robe était déchirée : un accroc d'au moins cinq centimètres décorait l'ourlet. Qu'est-ce que j'allais prendre !

Ma mère faillit en faire une syncope : jouer au foot en robe de communiante, il n'y avait que sa diablesse de fille pour avoir des idées pareilles. Elle me gratifia d'une bonne paire de mornifles qui déclencha chez moi les chutes du Niagara (permets-moi de te les emprunter !) et sortit sa boîte à couture pour une réparation de fortune. C'est donc les yeux mouillés, les joues marbrées de rouge, la démarche mesurée au plus court pour ne pas aggraver les dégâts que je retournai à l'église pour les vêpres avec le poids d'un nouveau péché d'insouciance : «Petit Jésus qui voyez tout, pardonnez ma cervelle de moineau!» Sûr qu'il devait bien se marrer là-haut!

J'ai beaucoup bâillé durant le banquet en mon honneur et je me suis endormie, en diagonale sur le lit de mes parents, la robe tortillée en spirale autour de moi, loin des bruits de voix et de vaisselle. Le lendemain matin, froissée comme un vieux billet de banque, je suis allée remercier Dieu de m'avoir accueillie dans sa vaste famille. Voilà, ma Francine, les savoureuses péripéties de ma communion solennelle. Cette cérémonie ne me rendit ni meilleure, ni pire qu'avant. Je fis mon possible pour mettre en pratique les principes chrétiens de compassion et de charité que l'on m'avait enseignés, mais ma nature cabocharde et volontiers critique créait sans cesse des obstacles à mes bonnes résolutions.

T'avouerais-je que je vis encore avec les mêmes dilemmes? Je te vois sourire d'ici!

Francine

CHAPITRE 14

Sœur Particulièrement

Après Michèle, j'eus une amie à l'école Margarita.

Comme toutes les jeunes filles, j'accordais beaucoup d'importance à l'amitié sincère et fidèle d'une compagne de classe à qui je pouvais tout raconter, en secret.

Lucie et moi, nous nous tenions claquemurées comme des membres de la Résistance dans la guerre que nous menions contre l'adolescence et contre la discipline imposée par les religieuses.

Lucie n'était pas comme les autres. Je voyais souvent les sœurs la regarder avec un petit hochement de la tête qui signifiait : Eh ! que c'est donc d'valeur !

Elle était petite. Plus petite que les autres. Elle était douce mais sa force de caractère faisait d'elle ce que Mère Sainte-Berthe appelait une « tête forte ». Elle était celle qui remue l'esprit des autres. Celle qui conscientise. Celle qui ne se laisse ni manœuvrer, ni impressionner : elle était de la race ennemie des religieuses de cette époque.

Toutes, nous l'enviions mais la fuyions par peur des représailles. Nous n'avions pas encore appris à être solidaires des ostracisées ni à les défendre.

Je réalise aujourd'hui que les sœurs nous menaient par la peur. Cette crainte nous rendait incapables d'assumer une relation qui déplaisait à nos éducatrices. Celles-ci nous inculquaient la honte d'être de sexe féminin, comme si nous étions responsables du sacrifice qu'elles s'étaient elles-mêmes imposé en prenant le voile et la... cornette!

Seule Mère Sainte-Juliette avait pour nous de la tendresse. Elle nous appelait en riant ses «pétards à ressort». Mais sur un point elle ne faisait pas exception: elle n'aimait pas Lucie. Mon amie Lucie Gagnon.

Un jour, j'ai su pourquoi.

Assises sous le seul arbre de la cour d'école, grande étendue d'asphalte brûlante, Lucie et moi jasions toutes les deux en reluquant du côté de l'école secondaire Richard dans l'espoir d'apercevoir le beau André Viau ou mon cousin Claude.

«T'sais, mon père est parti, laissa tomber mon amie, les yeux embués.

— Parti où?

— Parti!»

Elle fit une courte pause en filtrant son regard à travers ses longs cils épaissis de mascara bleu. «Parti! La police est venue le chercher hier soir!»

Rien que le mot «police» nous remplissait de terreur.

L'agent de police «ami» n'existait pas encore à cette époque. L'homme à pistolets dont on tente de faire croire aux enfants d'aujourd'hui qu'il est leur copain.

Pour Lucie et pour moi, la Mort, le Monstre et la Police étaient des mots qui perchaient sur le même barreau de notre échelle de valeurs. Et il en était ainsi pour tous les jeunes dans les années soixante.

«Y'a pas supporté que maman veuille le laisser pour de bon. Y'est revenu. Y'avait encore un verre dans le nez; en fait, y'était saoul comme une botte! Y'a brisé la vitre de la porte d'entrée. Madame Latreille a appelé au poste...»

Et Lucie éclata en sanglots longs comme des hurlements de chacals. Je ne savais plus que dire. Je ne pus m'empêcher de songer à Jacques Allard, à son respect et à son amour fou. Même déçu, il n'aurait jamais fait subir toutes ces ignominies à sa femme et à ses enfants. Pas lui!

Puis, je compris le regard des bonnes sœurs et pourquoi nos autres compagnes refusaient de devenir les amies de Lucie.

C'est alors que je me suis rapprochée d'elle. Selon moi, Lucie en avait un besoin pressant. Nous devînmes inséparables. Mais nos enseignantes veillaient au grain. Le bon grain qu'elles s'efforçaient de garder loin de l'ivraie. Mon père m'avait expliqué que cette parabole de Jésus n'était rien d'autre qu'une manière de justifier la présence du pissenlit dans sa pelouse. Pour les uns, il fallait à tout prix arracher ces mauvaises herbes à feuilles coriaces qui faisaient pourtant le bonheur des autres, tapis le long des routes achalandées.

Un jour, après la messe du premier vendredi du mois, les religieuses nous servirent une conférence sur l'importance de bien choisir ses compagnes et reprirent le discours bien connu de la pomme pourrie parmi les fruits sains. La charité chrétienne commence par soi-même, quoi !

Mère Marie-du-Saint-Sépulcre, qui nous enseignait la religion, téléphona à ma mère.

« Madame Allard, je vous téléphone pour un motif **particulièrement** important. C'est difficile pour moi, je vous l'assure. Vous savez, nous nous sentons **particulièrement** concernées par le bien-être de nos jeunes filles... »

Ma mère, qui se méfiait beaucoup des religieuses depuis un certain temps, se mit à s'inquiéter.

« Ma fille a-t-elle fait quelque chose de grave ?

« Pas du tout ! Non... c'est à une de ses amies que je fais **particulièrement** allusion.

À Lucie Gagnon, en fait. Je crois que vous devez être mise au courant que ce n'est pas une **particulièrement** bonne amie pour votre fille », raconta Sœur Marie-du-Saint-Sépulcre.

Ma mère joua l'innocente. « La petite Lucie ? Vraiment ? »

La Sœur se racla la gorge puis dégorgea en une seule phrase tout le venin de sa malveillance :

« Son père est en prison, vous savez et... sa mère... travaille comme *waitress* dans un club de nuit de Montréal, vous ne le saviez sûrement pas. »

Ma mère hésita. « Non, je... »

La sœur claquetait maintenant comme une cigogne :

« Elle perturbe... elle entraîne votre fille qui est une **particulièrement** bonne enfant, alors j'ai pensé... Nous avons pensé que vous pourriez avertir votre Francine de ne pas se tenir avec Lucie Gagnon. Ce serait de valeur...»

Maman avala sa salive. Elle acheva de gratter la pâte à tarte qu'elle avait répandue sur le combiné, prit ce qu'elle appelait un grand «respir», et déclara tout de go :

«Merci ma mère! Nous allons en discuter avec elle. Est-ce qu'il y a d'autres choses qui vous rendent inconfortable?»

Elles se quittèrent rapidement et maman en demeura toute bouleversée.

Mon père, qui avait tout entendu, lui demanda :

«C'était qui au téléphone?

— Mère **Particulièrement!**

— Mère comment?

— Mère Marie-du-Saint-Sépulcre, le professeur de religion de ta fille. Te rends-tu compte?

— Ah les maudites *pisseuses*! Qu'est-ce qu'elles feraient pas au nom de la religion. J'espère que tu l'as envoyée su'l bonhomme!»

Maman se sentit confuse. Peut-être eût-elle dû montrer de l'indignation.

«Qu'est-ce que tu voulais que je lui dise? Je les laisse faire. En dehors de l'école, Francine fera bien ce qu'elle veut. Pauvre petite Lucie! À part ça, Jacques Allard, veux-tu bien faire attention comment tu parles! Les *pisseuses*, devant les enfants!»

Cette intervention de la désormais célèbre Mère Particulièrement renforça mon amitié pour Lucie.

Les fins de semaine, elle venait à la maison; parfois nous gardions mon frère toutes les deux. Nous écoutions Claude Léveillée, Gilbert Bécaud et Jacques Brel. Lucie, elle, ne pouvait pas supporter les chanteurs «gnagna» comme elle les appelait. Et quand mon frère voulait la faire choquer, il faisait jouer Gilles Brown ou les Classels. Alors, elle courait à sa poursuite et le chatouillait jusqu'à ce qu'il crie : chute!

Je crois qu'ils s'aimaient bien, ces deux-là. Lucie était heureuse chez nous et elle parvenait à oublier sa misérable condition de fille de poivrot.

Papa, lui, pensait à notre professeur de religion et disait souvent, lorsque Lucie réagissait à mes facéties par une cascade de rires incontrôlables :

« Une mauvaise influence pour notre Francine ! Regarde-moi si elles sont heureuses, ces petites filles-là ! Elles auront pas besoin de rentrer chez les sœurs, au moins ! »

Angèle

CHAPITRE 15

La boule de cristal

« Sœur Particulièrement », la bien nommée pisse-vinaigre ! Derrière la respectable cornette se cachait une âme mesquine et rigide, sûre de son bon droit. Ce genre de personne zélée était facile à défier. Ses excès de vertu se retournaient contre elle. C'était presque un devoir de contrer une si méchante honnêteté.

Mais les bien-pensants, convaincus de leur supériorité, ne sont pas tous coulés dans le même moule que ta « Sœur Particulièrement ». Je me souviens « tout particulièrement » d'une jolie petite blonde, à qui tu aurais donné le bon Dieu sans confession. Sur le tissu de mon enfance, elle a fait une tache indélébile.

Nous n'avions pas d'école le jeudi. Les enfants allaient en classe le samedi. Les week-ends étaient loin d'être généralisés et bien des gens travaillaient encore cette journée-là. Lorsque mon père était de service aux autobus, ma mère ne savait trop quoi faire de moi. La notion de « babysitter » n'était pas entrée dans notre culture et encore moins dans notre budget. Pendant longtemps, ma mère demanda donc à ses patronnes successives la permission de m'emmener avec elle le jeudi, garantissant mon impeccable sagesse.

J'avais huit ans. Cette année-là, ma mère travaillait chez Maître Renaud, notaire à Asnières. Tôt le matin, nous partions d'un bon pas vers cette maison qu'elle avait pour mission de décrasser. Nous enfilions l'avenue des Grésillons jusqu'à la place Voltaire avant de nous aventurer dans le dédale des petites rues résidentielles d'Asnières-la-bourgeoise. Les Renaud habitaient un respectable pavillon de pierres meulières, entouré d'un jardin coquet. Des rosiers grimpants ornaient le portail dont la porte s'ouvrait sur un bruit rassurant de gonds bien huilés.

La maison était entourée d'une allée de graviers et d'une couronne d'hortensias bleus que Madame Renaud entretenait avec un soin jaloux. Il fallait monter trois marches pour accéder au palier de l'entrée principale dont la porte à deux battants était décorée de fer forgé et de vitraux de couleur. Tu penses bien que nous n'empruntions jamais cette porte. Ma mère et moi faisions le tour de la maison pour entrer directement dans la cuisine, endroit plus compatible avec notre état de gens de service.

La plupart du temps, j'étais reléguée aux oubliettes dans la cuisine, la buanderie ou le jardin mais lorsque la patronne n'était pas là, je suivais le sillage de l'aspirateur, manié de main de maître par ma mère, et, sans jamais toucher à rien – il n'aurait plus manqué que je casse quelque chose !– j'examinais tout avec une réelle souffrance de voyeuse.

Cette maison me fascinait. Ce n'était qu'une confortable maison bourgeoise, ni très grande ni très cossue, mais la modestie dans laquelle nous vivions conjuguée à mon imagination débordante l'avait transformée en véritable château. La salle de bains blanche dépassait mon entendement. Que de fioles, de porcelaines, d'accessoires précieux, de serviettes brodées !... et cette immense baignoire à pattes aux robinets rutilants, était-il possible de s'y baigner sans s'y noyer ? Je n'osais imaginer le gaspillage d'eau qu'un bain jusqu'au menton pouvait représenter.

On accédait au premier étage par un escalier en bois sombre. Souligné en son centre par un tapis rouge, il s'envolait vers le haut dans une succession de barreaux finement chantournés. Patinée par les innombrables couches de cire de son histoire, la rampe était douce comme une caresse. Une énorme boule de cristal taillé reposait sur la volute de la rampe, à la hauteur de la première marche. Pour moi, il s'agissait d'un joyau fabuleux, déposé là par quelque magicien prodigue, dans le seul but de capturer la lumière. Le moindre rayon de soleil semait sur les murs une moisson d'arcs-en-ciel minuscules dont les reflets et les formes s'étiraient au fil du temps. Imagine une petite fille éblouie ! Assise sur le tapis de coco de l'entrée, je pouvais regarder, durant de longs moments immobiles, les étincelles irisées se jouer de la lumière.

J'étais sage, trop sage, intimidée par cette maison magique. Le plus souvent, je m'occupais seule dans un coin mais certains jeudis, je jouais avec Pauline, la petite-fille de Madame Renaud, de deux ans mon aînée. Elle était gentille avec moi, Pauline, j'étais si docile. Nous sautions à la corde ; elle m'apprenait à reconnaître les fleurs et les arbres du jardin ; elle aimait surtout jouer à l'école – c'était toujours elle l'institutrice – et me faire réciter les tables de multiplication. Elle connaissait la maison par cœur et s'arrangeait toujours pour chiper des petits gâteaux secs qu'elle partageait équitablement avec moi.

Lorsque la pluie éteignait la boule de cristal, nous étions confinées à l'intérieur mais ce n'était pas grave. Dans la buanderie, Pauline ouvrait un grand coffre, véritable cadeau d'Ali-Baba, plein à ras bords de déguisements divers. Attention ! ces glorieux oripeaux n'avaient rien de commun avec les vêtements usés de ma mère qui servaient à habiller mes rêves à la maison. Il s'agissait de véritables costumes de théâtre, respectant les modes anciennes. Au tournant du siècle, Madame Renaud (qui venait d'une famille presque noble) avait été habitée par la passion du théâtre. Elle organisait des spectacles d'enfants où frères, sœurs, cousins et amis confondus jouaient des petites pièces. Tu vois un peu, tout à fait le genre Comtesse de Ségur, ma chère !

Pauline adorait se déguiser. Moi aussi. Les costumes étaient défraîchis, certains même réellement abîmés, mais nous en faisions nos beaux jeudis, ignorant les accrocs, les guipûres arrachées et les couleurs passées. Pauline avait un faible pour une robe à paniers en tissu fleuri que Marie-Antoinette n'aurait pas boudée dans son hameau de Trianon. Comme elle avait beaucoup grandi, elle ne pouvait plus la mettre. Un jour, elle accepta de me la prêter et entreprit de me métamorphoser en bergère d'opérette.

La robe m'allait parfaitement. Pauline arrangea mes cheveux sous un chapeau de paille, colora mes lèvres de fard subtilisé à sa grand-mère, me suspendit au bras un petit panier et, fière de son œuvre, m'exhiba devant tous les habitants à demeure. J'étais ravie d'être le centre d'intérêt général, à mille lieues d'imaginer que les exclamations d'admiration s'adressaient à Pauline, ce jeune Pygmalion familial qui avait si bien su animer la bûche insipide que j'étais. Ma mère sourit pour la forme et félicita Pauline, comme tout le monde.

Pauline avait très bien compris que les compliments s'adressaient à son talent. Son petit succès lui donna l'idée d'aller plus loin. Au cours de nos jeux d'école, elle avait remarqué que je mettais beaucoup de cœur à réciter poèmes et fables. Poursuivant la tradition chère à son aïeule, elle se mit en tête de monter une séance et d'inviter ses cousins et cousines à y aller chacun d'un morceau de bravoure. Naturellement, j'étais invitée et, attifée en bergère, je devais mimer et réciter de ma plus belle voix *Perrette et le pot au lait*. Il allait de soi que j'allais être l'attraction de la petite fête... une surprise inédite en quelque sorte, où Pauline allait briller de tous ses feux de pédagogue.

La prestation devait avoir lieu un samedi après-midi et se terminer par un goûter. Les parents des enfants avaient promis d'être là. Louisette qui comprenait beaucoup mieux que moi la subtile hypocrisie de l'entreprise accepta contre son gré. Difficile de refuser à sa patronne !

Moi, j'étais folle d'excitation. Je ne pensais qu'à cette belle robe à fleurs qui me transformait en princesse ; je connaissais *Perrette* par cœur et je répétais mille fois les gestes dans l'armoire à glace de la chambre. L'habit faisant le moine, je crois bien m'être sentie nettement supérieure à mes copines d'école. Penses-y un peu : j'allais être vedette chez Madame Renaud, notairesse à Asnières. Tu vois, j'étais déjà de la vraie graine de snob.

Le grand jour arriva. Ma mère m'astiqua dans le baquet des pieds à la tête et me revêtit de ma plus belle tenue. La maison du notaire vibrait d'une joyeuse animation. Des enfants inconnus couraient dans tous les coins tandis que les adultes prenaient le thé au salon où une petite fille de mon âge jouait du piano. Sûre de son coup, Pauline m'entraîna d'autorité dans la buanderie afin de me parer, tandis que ma mère s'installait dans la cuisine et prenait sur elle d'essuyer les verres.

Un silence étonné et amusé salua mon apparition lorsque Pauline me poussa dans le salon. La petite fille qui jouait du piano se leva lentement : visage de poupée, boucles blondes et candides yeux bleus. Elle me sourit et prit le temps de détailler la robe de bergère, les sandales blanches, le grand chapeau et le panier qui pendait à mon bras. Son regard se noircit par étapes. Elle se tourna vers sa grand-mère.

« Qui est-ce, Mamie ?

— Tu sais bien, mon trésor, c'est Angèle, la fille de Madame Delaunois !

— La fille de la BONNE ?

— C'est ça, la fille de la FEMME DE MÉNAGE ! (Quelle subtile nuance, tu ne trouves pas ?)

— Mais Mamie, je ne PEUX pas jouer dans le spectacle de Pauline AVEC la fille de la bonne. C'est impossible, ça ne se fait pas ! »

Que le diable la patafiole ! J'aurais voulu me liquéfier dans les fleurs du tapis. Madame Renaud vira au rouge brique et essaya de rire pour détendre l'atmosphère. Tout le monde se mit à parler en même temps. La petite blonde me fixait toujours. Pauline fusilla sa cousine du regard mais ne dit pas un mot pour me défendre, écrasée par l'évident impair qu'elle venait de commettre. Elle éclata en larmes et courut se réfugier à l'étage. L'enfant blonde avait raison : il était inconvenant de transgresser les règles séculaires qui voulaient que les classes sociales soient blindées et imperméables. Toute l'assistance pensait comme elle.

Louisette surgit de la cuisine. Je n'oublierai jamais la honte qui brouillait ses beaux yeux verts. Elle prit sa petite bergère par la main et l'entraîna loin de ces roquets prétentieux. En un tournemain, elle me dépouilla de mon orgueilleuse attifure. Madame Renaud la pria d'accepter un sac de friandises afin de s'excuser du dérangement que sa tête de linotte de Pauline nous avait causé. Nous partîmes très vite sans saluer personne, ignorées de tous. Ma mère jeta le sac de friandises dans la première poubelle de passage.

Je n'ai pas versé une seule larme. Je n'avais rien fait de mal, pourtant je me sentais coupable, c'était incompréhensible! La honte de ma mère avait coulé sur moi et me barbouillait l'âme d'une amertume inconnue. Mon père piqua une colère mémorable, envoyant aux galères tous «ces enfoirés de bourgeois».

J'ai mis des années à comprendre ce qui s'était réellement passé mais je n'ai jamais pu penser à cette petite blonde au visage angélique sans un pincement de révolte au cœur. Elle aurait plu à ta «Sœur Particulièrement»: elles appartenaient toutes les deux à la même race de punaises.

Ma mère ne m'emmena plus jamais chez le notaire Renaud. Jugeant que j'étais dorénavant assez grande pour rester seule, elle me laissa en tête-à-tête avec le poste de radio, ma boîte de crayons de couleur et la liberté de mes beaux jeudis. Je ne revis ni Pauline, qui m'avait trahie par son silence, ni la boule de cristal qui jetait tant de poudre aux yeux.

Francine

CHAPITRE 16

Un enfant mort de bonheur

Durant ces années d'insouciance et de longues accalmies, rien ne venait troubler mes eaux dormantes. Nul événement triste n'avait de prise sur mon petit bonheur.

Nos conversations de jeunes filles s'articulaient autour de l'école, de la maîtresse et de son chouchou, des garçons qui nous étaient inaccessibles à cause de la clôture barbelée qui séparait nos deux cours d'école, et des vedettes de l'heure.

Sans doute avions-nous quelques sérieuses discussions entre deux crises de rire. Mais il y avait un sujet en tout cas que je refusais d'aborder : la mort.

Ma mère n'avait que vingt ans de plus que moi et mon père se comportait comme un éternel adolescent. Il multipliait les canulars et les bonnes blagues, et sur sa figure illuminée, je n'avais jamais vu de rides.

Mes parents ne mourraient jamais. De cela, j'étais persuadée.

La mort que je pouvais imaginer était froide, sinistre et posait sur la vie un long voile sombre et opaque.

Ce que je craignais encore bien davantage, c'était ma mort à moi. Un regard englouti dans un lac crasseux.

Parfois, je jouais à la morte. Comme pour la conjurer ou lui montrer que je n'avais pas peur d'elle. Le soir, juste pour m'amuser, je cessais de respirer jusqu'à ce que les battements de mon cœur se mettent à marteler mon oreille.

Ou encore, je me laissais flotter dans la piscine municipale, la tête sous l'eau, bras et jambes inertes, juste pour imaginer à quoi je ressemblerais en noyée.

Mais jamais davantage. Parce que les adultes avaient vite fait de me ramener à la réalité :

« Il ne faut pas jouer à la morte, Francine ! Ça pourrait arriver une bonne fois ! »

À cette époque où on pouvait encore conserver sa dignité, il n'y avait pas de programmes gouvernementaux pour les accidentés du travail, ni d'assurance-chômage, ni d'assistance sociale, ni de soins de santé gratuits. Encore moins de syndicats.

Il n'y avait que des êtres mûrs qui avaient la chance de manifester leur amour du prochain. Nous étions habitués très jeunes à être généreux envers les pauvres, envers toutes ces familles indigentes qui acceptaient avec humilité la charité qui leur était témoignée.

À Verdun, il y avait des pauvres.

Les Allard avaient les leurs. Nous en étions fiers.

Il s'agissait de la famille Miron, qui habitait notre rue. Un père chétif sans emploi depuis qu'il avait reçu le chargement de son camion sur le dos. Une mère inventive qui pouvait confectionner une robe avec à peu près n'importe quelle guenille. Six enfants, dont les deux plus vieux travaillaient comme triporteurs à l'épicerie *Currie's and Son* de la rue Bannantyne afin d'aider leur famille.

Combien de fois mon père a-t-il réglé les honoraires du docteur Léveillé pour qu'il aille soigner les petits Miron ! Combien de fois est-il allé à la pharmacie *Farmer* acheter les médicaments que le docteur leur avait prescrits en disant que c'était gratuit.

Maman donnait aux Miron nos vêtements et les siens ; elle achetait à l'occasion une paire de souliers pour Mario ou Roger qui travaillaient le soir après l'école ; elle donnait des cours de rattrapage à Nicole et Sylvie ; elle acceptait souvent de garder Lise et Pierre, les deux plus jeunes. Je me souviens comme si c'était hier des séances d'épouillage où maman promenait un peigne fin dans leurs cheveux imprégnés d'huile à lampe. Mon frère Normand jouait aux Dinky Toys avec Pierre et maman s'occupait de la petite Lise, qui avait une chevelure de la couleur des blés et des yeux quasiment violets. Nous n'avons jamais attrapé de poux des enfants Miron parce que maman y veillait. Elle les cajolait, elle les faisait manger tout l'après-midi comme pour leur faire emmagasiner des forces jusqu'au moment où elle pourrait les garder à nouveau. Cela faisait bien rire madame Miron car, lorsque les enfants avaient faim, ils demandaient toujours à aller chez tante Yolande.

Nous, les enfants Allard, apprenions du même coup à apprécier la vie que nous menions et nous développions notre sens du partage.

Un matin, le docteur Léveillé fut appelé auprès de Pierre, alors âgé de sept ans.

Sa mère le trouvait moche et il n'avait rien avalé depuis des jours !

L'ayant examiné, le médecin emmena le petit dans un hôpital pour enfants.

Autour de nous, tout le monde chuchotait. Nous finîmes par apprendre la vérité. Le petit Pierre était atteint d'une maladie incurable qui l'emporterait avant ses neuf ans.

À cette occasion, j'ai entendu pour la première fois le mot « cancer ». Nous prononcions ce mot en fermant les yeux pour ne pas voir l'horreur dans la figure de nos interlocuteurs.

Craignant que sa maladie ne s'attrape comme la varicelle, nous n'osions pas nous approcher de Pierre Miron, qui souffrait davantage de notre appréhension que des « piqûres grosses comme des tubes à décorer les gâteaux de fête » qu'on lui infligeait à l'hôpital.

Chaque jour, il semblait aller mieux. On aurait dit un oisillon qui préparait ses plumes pour la grande envolée. Madame Miron espérait en sa guérison. Le docteur Léveillé était optimiste. Mais le cancer, c'était le cancer : avec lui, on ne savait jamais.

Papa et Normand eurent une idée. Ils firent le tour des voisins de la rue.

« C'est pour le petit Miron. Il faut payer ses remèdes, son hôpital et lui faire un petit cadeau : y'a rien qu'il aimerait plus que d'avoir un beau bicycle neuf. Il a jamais rien eu de neuf à part sa maudite maladie. »

Les gens donnaient sans se faire prier. Papa était content.

Dès que la somme nécessaire fut amassée, papa et Normand se rendirent chez Philippe Bourbonnais, rue de l'Église, pour acheter une magnifique bicyclette verte. Puis ils l'offrirent au petit Pierre, revenu en convalescence chez lui.

Sur son visage aussi blanc qu'un cierge pascal apparut une expression de bonheur indescriptible. Pierre avait repris vie. Une vraie énergie de petit garçon de sept ans et demi. Toute la famille Miron assistait à la renaissance d'un des siens. Le petit garçon riait, caquetait, parlait sans pouvoir s'arrêter.

Il dit : « C'est le plus beau bicylcle que j'ai jamais eu... »

Cela fit rire sa mère. « C'est le seul qu'il a jamais eu ! »

Le docteur Léveillé était content. Son petit malade allait survivre.

À l'hôpital, le pédiatre était plein d'espoir. Les médicaments avaient guéri l'enfant. Il parlerait de cette réussite lors de son prochain cours à la faculté de médecine. Il appelait le docteur Léveillé « mon cher collègue » et le petit médecin de famille se gonflait d'orgueil.

Le voisinage était en liesse. Pierre Miron roulait maintenant sur son vélo magique. Il avait décoré les poignées avec des rubans de couleur et avait attaché un paquet de cigarettes vide aux rayons de sa roue arrière avec une pince à linge pour imiter le bruit d'un moteur puissant. Il parcourait la ruelle dans tous les sens comme un jeune tigre. Il était devenu le roi Pierre, chef des enfants de la ruelle Brown, et il allait avoir huit ans dans quelques jours.

« Môman ! C'est effrayant ! C'est effrayant ! »

Mon frère Normand sanglotait et hoquetait.

« Qu'est-ce qui se passe, Normand, voyons donc ! » lui dit maman.

Nous avons alors entendu la sirène d'une ambulance qui s'éloignait. Maman comprit qu'un drame venait de se produire.

« Y'est arrivé quelque chose ? Parle, Normand, soda ! »

Normand finit par se calmer. Il tenait dans sa main un ruban rouge.

«Le camion a reculé. Il ne l'a pas vu. Il a reculé dessus. Il... il... a écrasé sa belle bicyclette neuve. Pierre Miron... est mort!»

Maman dut s'asseoir. Elle n'arrivait pas à sortir son petit mouchoir brodé de l'intérieur de sa manche de blouse; elle pleurait aussi fort qu'un trombone.

«Pauvre petit... c'est effrayant. Il était guéri... maudite vie platte!»

Je pleurais aussi. Nous nous tenions tous les trois par les épaules.

«Je vais aller retrouver Carmen Miron... pauvre elle...

— Elle est partie avec l'ambulance. Madame Deschaînes est avec les enfants. Ils ont appelé leur grand-mère qui va arriver bientôt, j'imagine.»

Maman serrait ses petits sur sa poitrine. Collés contre elle, pour conjurer la mort qui rôdait, nous pleurions en silence.

«C'est Jacques qui va avoir de la peine, mon Dieu!»

Papa en fut très affligé.

«Il aurait dû mourir de sa maladie. Ça aurait été moins bête! Quand je pense qu'il y en a qui disent qu'il y a un bon Dieu! C'est rien qu'un hypocrite! Il a fait semblant de le guérir pis il l'a pogné dans le détour!»

Maman lui mit le doigt sur la bouche.

«Dis pas ça, Jacques!

— C'est moi qui a tout fait pour lui acheter c'te maudit bicycle-là, Yolande!»

Les funérailles eurent lieu le lendemain. Tous les enfants de l'école Notre-Dame-de-la-Garde sont venus; tous les adultes du voisinage aussi et le docteur Léveillé.

Nous nous tenions serrés comme des brins de ciboulette après une grosse ondée.

Ce fut ma première rencontre avec la mort, ma chère Angèle.

Je l'ai trouvée hideuse.

CHAPITRE 17

La polio

En ce qui me concerne, la mort est entrée dans ma vie de façon presque anecdotique l'année de mes sept ans. Mais, tout comme l'histoire que tu viens de raconter, c'est la disparition d'une enfant de mon entourage qui, trois ans plus tard, m'assena d'un seul coup toute l'horreur des grands départs.

Mon grand-père est mort d'une thrombose coronaire à soixante-quinze ans bien sonnés. Après le décès de ma grand-mère que je n'ai jamais connue, il était venu vivre à Chartres, chez sa fille aînée, ma tante Thérèse. Je l'ai rencontré deux ou trois fois en tout et pour tout.

C'était un imposant vieillard aux perçants yeux clairs, vêtu d'un costume en velours côtelé noir, la chemise impeccablement blanche, le gilet en tricot barré d'une chaîne de montre en or. Il avait une touchante coquetterie de vieux monsieur et frisait les pointes de son abondante moustache grise en enduisant ses doigts de beurre.

Il me tolérait tout juste, enfant du péché que j'étais. Personnellement, il n'avait rien contre moi et me trouvait plutôt mignonne, mais il n'avait jamais pardonné à ma mère l'affront qu'elle avait fait à la famille et à lui en particulier. Sa froideur envers moi était une manifestation tangible de rancune à son égard. À la limite, ça ne me concernait pas et c'est bien ainsi que je le comprenais.

Je me souviens du petit baiser sec et froid qu'il piquait sur mon front lors de nos rares rencontres. Je redoutais vaguement ce vieux monsieur silencieux qui fumait du tabac gris en soufflant des cendres partout et qui baptisait son café à grandes rasades de gnôle avant d'y noyer plusieurs morceaux de sucre. Grand-père habitait dans ma vie un peu comme Dieu : personnage omnipotent, lointain, inaccessible, craint et adulé par ma mère qui redoutait de lui déplaire davantage.

L'annonce de sa mort nous plongea dans la confusion la plus folle. On ne rigolait pas avec le deuil. Ma mère cavala dans tous les azimuts pour emprunter l'obligatoire panoplie de corbeau sans laquelle un deuil n'était pas convenable : bas noirs, chaussures noires, tailleur noir, chemisier noir, chapeau et voile opaque noirs. Derrière tout ce noir, elle pouvait transpirer à l'aise et pleurer en paix. Mes sept ans eurent droit à une jupe grise et une veste marine. À la hâte, on enduisit mes souliers marron d'une bonne couche de cirage noir qui laissa des traces indélébiles sur mes chaussettes blanches à trous.

Pour l'enfant que j'étais, la messe à l'église fut interminable et très ennuyeuse. Le corps quittait ensuite Chartres pour être inhumé à Saint-Hilaire du Harcoüet, en Normandie. Ceux qui possédaient une voiture partirent avec le fourgon ; les autres se réunirent chez ma tante où un dîner avait été prévu. Ensuite, chacun devait regagner ses pénates par le train.

Je garde un fabuleux souvenir de cette soirée. Ma tante Thérèse vivait chichement d'un modeste magasin de fruits et légumes. La petite cour à l'arrière de son commerce était encombrée de cageots vides et de géraniums en pots qu'elle avait le talent particulier de faire fleurir toute l'année. Il y flottait une odeur sucrée et écœurante de fruits trop mûrs et une ribambelle de chats s'y donnaient rendez-vous en permanence.

Mon cousin Gérard avait un an de plus que moi mais je le dépassais d'une bonne demi-tête. C'était un petit garçon endiablé qui avait rarement l'occasion de lâcher son fou. J'étais la complice rêvée pour partager tous les coups audacieux qui germaient dans sa cervelle. Ce soir-là, nous nous mîmes en frais de construire un château au milieu des crottes de chat et des melons pourris, oubliant totalement, dans la furie du rêve et la passion de construire, nos beaux atours de deuil.

Quelle formidable partie de jeu! Personne pour nous déranger. Le vin aidant et le ton montant, les adultes étaient bien trop occupés à vider à grands coups de gueule leurs vieux comptes personnels. Moi, j'étais devenue une princesse prisonnière, emmurée dans un invincible dongeon tandis que mon preux chevalier, drapé dans une serviette éponge trouée, pourfendait les dragons à moustache et à quatre pattes en les menaçant d'une vieille tringle à rideaux.

Chaussettes zébrées de lignes noires, cheveux emmêlés, jupe déchirée par un clou accidentel, blouse maculée de taches suspectes... ma mère me récupéra sous mon château de cageots et accueillit ma majesté d'une bonne paire de claques. De son côté, Gérard se fit servir un copieux sermon assaisonné de quelques taloches. Mais rien ne put nous dérober la magie de cette douce soirée d'automne où nos rêves d'enfants avaient côtoyé les étoiles. La mort de mon grand-père reste indissolublement liée à ce fabuleux souvenir.

Un vieux monsieur sévère et lointain qui s'endort pour toujours dans son sommeil? Pour moi la mort de Grand-père n'était pas vraiment triste. Au plus était-elle la cause de quelques instants de malaise lorsque je surprenais ma mère le nez rouge et les yeux noyés, une boule de mouchoir entre les doigts. Ce chagrin n'était pas le mien.

Mais il n'en fut pas du tout ainsi lorsque ma voisine de classe ne revint pas après les vacances de Noël.

Elle s'appelait Danièle Baecke. Comme moi, elle devait avoir dix ans. Elle partageait mon pupitre, au dernier rang de la classe, pas parce que nous étions des cancres patentés mais parce que nous étions les plus grandes. Pas de mauvais esprit, voyons Francine! Alors que j'avais tout de la sauterelle, elle était plutôt rondelette et ressemblait vaguement aux photos d'enfance que tu m'a montrées. Ses cheveux bruns étaient coupés à la garçonne. Elle avait des petits yeux vifs et foncés, la figure semée de taches de son, le sourire facile et communicatif. C'était une «bonne grosse» sans histoire, ficelée dans une affreuse blouse de nylon rose dont la ceinture trop serrée soulignait sans grâce son tour de taille.

Nous n'étions pas vraiment copines. C'était le hasard des tailles de girafes qui nous avait placées l'une à côté de l'autre, mais je me souviens beaucoup mieux d'elle que de celles dont j'ai partagé jusqu'à la rage les marelles et les cordes à sauter. Son visage rond et rose comme une lune d'été est resté très précis dans ma mémoire.

En janvier, le retour en classe était toujours un peu pénible. Plusieurs enfants manquaient à l'appel : bronchite, grippe, coqueluche, scarlatine. Le crachin glacé qui nous tombait dessus, les manteaux trop minces et les chaussures qui pissaient l'eau constituaient des circonstances aggravantes. Toujours est-il que, cette année-là, le banc de Danièle Baecke resta vide le jour de la rentrée.

Le lendemain matin, Madame Closange, la directrice, suivie de sa souris grise de secrétaire, fit une entrée solennelle dans notre classe. Sans rien dire, elle toisa notre troupeau pendant plusieurs minutes, son embryon de moustache agitée d'un tic nerveux, diffusant à chacun de ses gestes une troublante odeur d'encaustique et de tabac anglais.

La souris grise s'installa au bureau de l'institutrice avec pour mission d'endiguer notre impatience. La dirlo prit Mademoiselle Sannier par le bras et l'entraîna dans l'encoignure d'une fenêtre pour une messe basse. Silence intrigué de notre part. Nous avions toutes les oreilles aux aguets pour surprendre une bribe de l'événement exceptionnel qui nous valait une visite aussi inusitée. Personne n'avait envie de faire le zouave, les excursions au bureau de la directrice ayant vraiment mauvaise réputation. À la longue, tout de même, un petit bourdonnement impatient troubla le tête-à-tête de nos deux éducatrices. La souris essaya bien de nous calmer à petits coups de «Chutttt, Mesdemoiselles !» mais notre curiosité était trop fortement sollicitée. La directrice se tourna vers nous, fronça sourcils et moustache, reboutonna d'un geste sec un bouton insoumis sur son gilet bleu et daigna enfin nous adresser la parole, les lèvres pincées.

« Mesdemoiselles, j'ai une nouvelle terrrrrible à vous apprendre. Votre compagne, Danièle Baecke, est décédée il y a deux jours de la poliomyélite. Elle sera enterrée demain matin au cimetière de Gennevilliers. Sa famille n'étant pas catholique, il n'y aura pas de service religieux mais une délégation de l'école prendra part au cortège. Cinq compagnes – pas plus – pourront s'absenter pour cette cérémonie et seront accompagnées de votre institutrice. L'école offrira une gerbe de fleurs en notre nom à toutes. Le reste de la classe fera des révisions sous ma surveillance. Dans les prochains jours, Mademoiselle Sannier vous expliquera ce qu'est la poliomyélite et comment on peut se protéger de ce fléau. Pour finir, je vous conseille de vous recueillir et de penser à cette compagne qui nous a quittées et à ce qu'elle représentait pour vous. Je compte maintenant sur votre éducation pour vivre cette tragédie avec dignité. »

Pétrifiées. Nous étions pétrifiées dans un silence de mort... c'est le cas de le dire. Nous nous étions levées automatiquement au départ de la dirlo et personne ne pensait à se rasseoir. J'ai regardé le siège vide à côté de moi sans trop saisir ce qui se passait vraiment jusqu'au moment où des pleurs hystériques sont venus me tirer de ma transe. Myriam Lescarbot, la grande amie de Danièle, venait de réaliser qu'elle ne verrait plus la face de lune de sa compagne et pleurait à gros sanglots dans un mouchoir taché d'encre. Pour elle, la mort venait d'adopter un visage aimé.

Mademoiselle Sannier n'eut pas le courage de nous faire travailler. Elle eut le bon sens de nous lâcher dans la cour de récréation après avoir procédé au choix des cinq élues qui devaient arriver à l'école le lendemain matin à huit heures, convenablement vêtues de foncé, les cheveux propres et bien coiffés. Je ne fus pas du nombre. Elle s'enferma ensuite dans la salle des professeurs où sa nature sensible avait à vider sa propre révolte.

Dans la cour de récré, les ragots allaient bon train. Une grande du Certif se tailla un beau succès lorsqu'elle nous apprit, sous le sceau du secret, que Monique, la sœur aînée de la jeune morte, était atteinte de la polio, elle aussi, et reposait entre la vie et la mort à l'hôpital Beaujon à Paris. On racontait qu'elles avaient contracté la maladie à une fête foraine en mangeant un morceau de noix de coco rincé dans de l'eau souillée. Nous n'avons jamais su la vraie vérité. L'école fut en effervescence durant quelques jours puis, tout rentra dans l'ordre.

Sans que j'en sois vraiment consciente, cette disparition me bouleversa profondément. La brutalité avec laquelle la nouvelle nous fut assenée ne me toucha pas autant que le banc qui resta vide, à côté de moi, pour le reste de l'année scolaire. Je disposais désormais de deux cases pour étaler mes affaires et je ne m'en privai pas, mais j'avais également à affronter les côtés sombres de l'absence et la solitude qu'elle impliquait.

Plus insidieusement, cette mort sonna le glas de mon invulnérabilité : si une de mes compagnes de classe était morte, cela pouvait bien m'arriver à moi aussi. Et c'était quoi au juste, la Mort ? Où était-elle partie, la bonne grosse Danièle ? Qu'était devenu son sourire de lune rose ? Ressemblait-il maintenant aux rictus grimaçants des âmes perdues qui stationnaient dans le purgatoire de mon livre de catéchisme ?

Toutes ces questions qui surgissaient en flots de larmes nocturnes et secrètes m'épouvantaient. Je n'avais jamais VU le cadavre de Danièle – ni aucun autre d'ailleurs – mais les images inventées par ma détresse étaient abominables, bien pires que ce que la réalité des choses m'apprit beaucoup plus tard. Pendant longtemps, la mort revêtit pour moi un caractère monstrueux, révoltant et dégoûtant : l'image d'une petite fille au sourire décomposé, mangé par la terre, hurlant sa peur sans qu'on l'entende jamais. À toi je peux bien le dire : je ne me suis jamais vraiment guérie de cette vision d'apocalypse.

Francine

CHAPITRE 18

La picote volante

« Qu'est-ce qu'elle a à brailler comme ça ? s'enquit maman, inquiète.

— Elle est peut-être bien fatiguée. Elle est pas accoutumée à aller à l'école toute la journée », s'empressa de répliquer mon père.

Depuis deux jours, j'étais maussade. Je ne voulais plus manger, ce qui, dans mon cas, était assez inquiétant.

Puis, un bon matin, ma mère se mit à crier : « Ah ben, soda ! »

Cette expression d'une naïveté déconcertante sortait de la bouche de ma mère lorsqu'elle n'arrivait plus à se contrôler ! Jamais Yolande n'aurait proféré de gros mots et encore moins de sacres, ces jurons réservés aux vauriens ou aux femmes de mauvaise vie. Maman disait « soda » , « maudine » ou « mautadine » en espérant que les gens n'aient pas entendu quelque chose de pire. Je devais me contenter de « mausus » ou de « saudit », tandis que mon frère Normand pouvait s'autoriser les « maudit » ou encore les déformations en « tabarnache », « clisse », « cibouille », « sybole », « calvince » ou « tabarnouche » des célèbres mots liturgiques autrement interdits d'emploi sous peine de péché. Tu vois le genre ! Je me souviens d'avoir eu droit à toute une raclée le jour où, totalement exaspérée par mon frère, je laissai échapper un «torrieu» bien sonore. Je n'ai pas vu venir la main de ma mère avant de la recevoir en pleine figure, quelques secondes après avoir entendu la porte de la salle de bains s'ouvrir. Les jurons n'étaient pas faits pour les jeunes filles du cours classique, tu penses bien!

Quand notre mère lança son célèbre «soda» comme une diva déchaînée, les autres accoururent à mon chevet. Mon ventre dénudé, que je tentais par tous les moyens de cacher en tirant sur ma robe de nuit, était couvert de boutons roses, posés sur mon épiderme comme des gouttes de rosée. Nul doute possible.

«C'est la picote! gémit maman.

— Pis après!» beugla Normand.

Maman en demeura muette. Pas difficile de deviner ce qui lui trottait dans la tête: une semaine confinée à la maison, des jours et des nuits de lamentations.

Ce qui semblait anodin pour le docteur Léveillé, appelé à la rescousse, était pour notre génitrice un cataclysme sans précédent.

Elle savait que lorsque la maladie pénétrait dans notre maison, elle n'en ressortait qu'après avoir terrassé aussi bien les soignants que les malades.

Maman avait peur de la maladie.

Elle passait des heures à lire le dictionnaire médical ainsi que *La mère canadienne et son enfant*, et connaissait les implications de chacune des maladies et surtout... leurs multiples complications possibles. Bien renseignée, elle représentait pour notre médecin de famille l'adversaire le plus redoutable; elle voulait tout savoir («Ne me cachez rien, docteur») et interprétait à sa guise tous les soupirs et tous les silences du docteur Léveillé. Il préférait sans doute aller chez les «innocents» qui lui abandonnaient en toute confiance leur corps à soigner. Cette attitude représentait la moitié du remède, bien souvent, tandis que ma mère, avec ses bouquins de médecine vulgarisée, était une plaie purulente à elle seule.

Une semaine après, mon frère examina consciencieusement sa bedaine. «Je vas pas à l'école, j'pense que j'ai la picote volante moi aussi!»

Il avait raison. Normand profita alors de la situation pour exiger de maman toute son attention. «J'ai chaud... j'ai soif... ça pique... frotte-moi! Je veux d'la *crème à glace* pis du jello!»

Maman trottait à nos côtés et se dépensait sans compter pour nous, les pauvres petits malades. Elle allait et venait du lit de mon frère au mien, distribuant un baiser ou une caresse, une friction de calamine ou un verre de limonade chaude.

Rien n'aurait pu remplacer ce temps qu'elle passait à nous cajoler; elle nous baignait dans une eau tiède additionnée de «petite vache» pour soulager nos irritations.

Un matin, mon père se leva, épuisé.

«On dirait que j'ai couraillé toute la nuit, minoune!» dit-il à maman.

Puis vint la panique. Il avait trouvé une rougeur sur son estomac et une autre sur son avant-bras.

«Maman! Dis-moi pas que j'ai attrapé la picote moi itou?»

Maman inspecta ses vésicules en fronçant les sourcils.

«Tu l'as pas eue quand t'étais petit? s'informa-t-elle.

— Faudrait que je demande à la mère!»

Paniqué, il se précipita sur le téléphone.

«Elle est partie demander au père. A s'en souvient pus!»

Il soupirait, angoissé comme une jeune fille qui attend les résultats de son test de grossesse. Il tournait le fil du télé-phone sans arrêt dans ses doigts nerveux.

«Tu penses que non? continua-t-il au téléphone. Maudit torrieu! (lui, il avait le droit...) Non, c'est pas drôle à mon âge. Et pis, c'est dangereux!»

Maman étouffa un petit rire. Elle osa:

«Tu... tu l'as jamais eue?

— Non... maudit! Mon frère André l'a eue, mais pas moi!

— Bon, je vais appeler le docteur Léveillé.

— Pourquoi? s'inquiéta-t-il.

— Parce que tu l'as dit. À ton âge c'est trrrrès dangereux.»

Mon père commença par blanchir puis il alla s'étendre sur le sofa du salon, où les malades de la maisonnée avaient droit de se reposer tout en demeurant au milieu des autres et en regardant la télévision, il va sans dire.

Maman lui glissa un oreiller sous la tête et étendit sur lui la couverture de laine d'Écosse qu'elle gardait pour les malades. Tout près, une petite table d'appoint portait les médicaments, le jus d'agrumes et le thermomètre au garde-à-vous dans un flacon d'alcool.

Elle alla téléphoner au docteur Léveillé, qui arriva quelques heures plus tard.

Papa, en proie à la plus entière des paniques, avait déjà avalé quelques aspirines et appliqué une généreuse portion de calamine sur ses deux boutons de varicelle.

Le médecin l'examina minutieusement. Au bout de quelques minutes, il s'esclaffa. Il nous connaissait bien car il avait été un confrère de l'oncle André. Aussi n'hésita-t-il pas une seconde à se payer la tête de notre père. Il lui chuchota à l'oreille :

« Mon pauvre Jacques, j'ai bien peur que ce soit une... »

Mon père l'interrompit.

« C'est la picote hein ? »

Le docteur prit son air le plus grave. Il lança un clin d'œil à ma mère, mûre pour devenir sa complice.

« Ça m'a plutôt l'air d'une maladie... euh... d'une maladie honteuse », risqua le médecin.

Ma mère prit exprès une expression de profonde inquiétude.

« Une quoi ? gémit papa.

— Une *syphilus treponemus* », articula le docteur Léveillé en lançant un regard coquin au-dessus de ses lunettes.

« Parle-moi en français ! hurla mon père.

— Une syphilis... enfin... ça a bien l'air de ça ! L'armée peut-être ? »

Avant même que papa, rouge de colère, n'explosât pour de bon, le docteur Léveillé et maman éclatèrent de rire. Papa jeta par terre la couverture et se leva d'un bond :

« Mes maudits, vous autres ! »

Le médecin lui mit la main sur l'épaule :

« Voyons, mon Jacques. T'as rien du tout. Ce sont des piqûres de maringouin bien ordinaires. Avec toute c'te crème-là, demain, t'auras plus rien ! »

Papa était si content. Il n'aurait pas supporté que maman eût pu le croire capable de quelque aventure.

Mais ce qui passa plus difficilement, ce furent les cinq dollars qu'il dut payer au docteur Léveillé pour la consultation.

«Cinq piastres pour se payer ma gueule! Cré Léveillé, va!»

Papa ramassa les traîneries dans le salon et sortit couper sa pelouse, la tête haute comme un condamné qui vient d'échapper à la chaise électrique.

Angèle

CHAPITRE 19

L'opération des amygdales

Je n'ai jamais pu totalement m'habituer à TA cochonnerie d'hiver canadien, malgré presque trois décennies de bonne volonté. J'imagine donc fort bien l'ampleur folklorique que prenaient les maladies hivernales et infantiles dans le quotidien des mères québécoises qui devaient combattre les intérêts composés du froid sibérien et des microbes... dont on inventait de nouveaux spécimens chaque année.

Même si nous bénificiions des effets tempérés des vents marins qu'aucune montagne n'arrêtait, nous n'étions pas épargnés pour autant. Notre hiver à nous était d'une douceur sournoise. Parle-moi d'un bon froid sec pour liquider les virus ! Les pluies frisquettes et interminables, les petites neiges boueuses qui poudraient les toits gris d'un semblant de poésie, les cheminées d'usine coiffées de panaches multicolores et la pauvreté qui sévissait dans la plupart des familles de notre banlieue avaient plutôt l'effet contraire. Nous cultivions savamment nos microbes sans connaître réellement l'étendue de ce talent.

Ceux qui, comme moi, avaient la chance d'être bien nourris développaient à la longue une certaine immunité contre les épidémies qui décimaient nos classes tous les hivers. Durant mes petites années normandes, j'avais chopé à peu près toutes les maladies infantiles qui frappaient à notre porte: rougeole, rubéole, oreillons, scarlatine, picote volante – pour employer ton expression. J'en passe. À un détail près, je jouissais donc d'une santé enviable malgré quelques rhumes annuels, soigneusement entretenus dans les grands mouchoirs de Cholet qui traînaient des semaines de temps dans mon cartable, et servaient tout autant à essuyer mes pinceaux qu'à me moucher le nez.

Après l'épisode tragique de Danièle Baecke, Louisette prit rendez-vous en quatrième vitesse chez le docteur Ducaux. Le vaccin contre la polio venait juste d'être découvert et n'était pas encore obligatoire. Un beau matin, elle me déposa dans la salle d'attente de notre médecin de famille et après un bref conciliabule avec son assistante, elle partit en courant vers son travail.

Lorsque mon tour arriva, le cher docteur m'accueillit dans son cabinet avec un sourire paternel et m'assura que je n'allais absolument rien sentir. Il me fit allonger sur son divan, me priant de déboutonner ma jupe. Puis il se mit à farfouiller dans une petite armoire métallique en me tournant le dos.

J'étais plutôt perplexe: pourquoi déboutonner ma jupe alors que les cutis se faisaient dans le bras? Le toubib se retourna vers moi, une seringue dans la main droite, et d'un geste témoignant d'une grande habitude, il dénuda mon ventre en me coinçant la jupe sous le menton et en baissant ma petite culotte à la frontière du pubis. De sa main gauche, il pinça mon ventre creux à plusieurs endroits à la recherche d'un petit filon de graisse. Il n'avait pas grand-chose à se mettre sous les doigts mais il finit par enfoncer sa seringue dans un soupçon de bourrelet adipeux, après avoir vaguement passé un tampon d'alcool sur ma peau. À peine le temps d'avoir peur, sans avoir mal: le bon docteur s'en lavait déjà les mains, prêt à passer au patient suivant.

Je me relevai du divan les jambes molles, avec une drôle de sensation d'absence au creux de l'estomac. L'assistante fit asseoir ma petite personne blême dans la salle d'attente. Elle me donna un bonbon à la menthe qui dissipa l'angoisse lovée dans mon ventre et redonna quelque joie de vivre à mes papilles gustatives. Un peu plus tard, complètement rassérénée, je rentrai toute seule à la maison en évitant de marcher sur les dalles claires du trottoir où pataugeaient des crocodiles imaginaires, prêts à me grignoter les orteils.

Exit la polio! Impossible pour moi de mourir dans les mêmes circonstances que Danièle, le tout-puissant vaccin m'assurant une insolente immunité. Par précaution supplémentaire, je décidai secrètement d'éviter les tranches de noix de coco des fêtes foraines et de me contenter, à l'avenir, de barbe à papa.

J'étais, certes, de constitution robuste mais ne crois pas pour autant que j'étais à l'abri des bactéries aventureuses. J'avais un point faible : la gorge. Gênant, n'est-ce-pas, pour la future chanteuse d'opéra que j'allais certainement devenir. À intervalles réguliers, mes amygdales se mettaient à enfler et tournaient au rouge brique. C'était l'angine rouge! J'avais du mal à avaler et j'étais vaguement fiévreuse mais c'était encore supportable, même si la sensation de carton qui envahissait ma bouche n'avait rien de particulièrement savoureux.

Il fallait réagir vite car en quelques heures, la situation pouvait empirer. La fièvre montait en flèche, ma gorge se couvrait de pustules blanches et le moindre filet de salive me coûtait des tortures. C'était l'angine blanche! Là, j'étais vraiment malade, incapable d'aller à l'école – c'était bien le seul côté positif de l'affaire – et confinée à mon lit pliant, dans la salle de séjour transformée pour l'occasion en unité de combat. Imagine, j'étais même CON-TA-GIEU-SE, autant dire pestiférée, et personne ne pouvait m'approcher.

Comme l'épisode se répétait quatre ou cinq fois par année, ma mère prit le bacille par les cornes et demanda au docteur Ducaux de référer mon cas à un spécialiste. Le Professeur Askenazy, Otorhinolaryngologiste distingué, Chargé de Cours à la Faculté de Médecine de Paris, se matérialisa donc dans nos petites vies, auréolé de Savoir et de Respect.

On lui confia mon Dossier, qu'il examina plus longuement que ma gorge, l'une n'étant après tout que le prolongement bassement humain de l'autre. Assise bien sagement dans son Cabinet, en évitant de balancer mes jambes ainsi que ma mère me l'avait strictement ordonné, j'examinais avec inquiétude ce monsieur élégant et mondain qui tenait mon destin entre ses mains. Le professeur était très grand, vêtu d'un costume trois-pièces sombre au col saupoudré de pellicules. Il devait sûrement être aussi vieux que savant. D'un geste décidé, il referma mon dossier et s'adressa à ma mère :

« Il faut l'opérer des amygdales et des végétations, sa gorge est très infectée. Il n'y a pas d'autre solution et le plus tôt sera le mieux, croyez-moi, Madame ! »

Personne ne pensa à me demander mon avis. Je n'avais pas voix au chapitre. Après tout, on faisait tout ça pour mon Bien. Je n'allais pas, en plus, me mêler d'avoir des états d'âme. L'Homme de l'Art avait parlé et comme il n'y avait pas d'autre alternative, on prit date pour l'Opération, qui devait avoir lieu à la maison, durant les vacances de Pâques, afin de ne pas me faire manquer l'école. Tu parles ! J'avais environ trois semaines pour m'habituer à l'idée et me résigner à l'inévitable.

Tu me connais, j'ai tout fait pour négocier et repousser l'échéance. Rien à faire ! Aux récrés, je recherchais les pionnières de l'épopée que j'allais vivre, les rescapées des effets conjugués du bistouri et de l'éther.

Élisabeth Rocher, une fille de sixième, me raconta par le menu son expérience. Pour elle, ça s'était passé de façon idyllique : elle était restée deux jours à l'hôpital, chouchoutée par les infirmières et chahutant avec les filles de salle. Tout le monde se fendait en quatre pour lui faire plaisir et lui apporter les glaces qu'elle préférait. Elle n'avait mangé que ça pendant plusieurs jours et c'est à peine si, de temps à autre, une petite gêne à avaler lui rappelait qu'elle venait tout juste d'être opérée. Je sortis de cette conversation tout à fait rassurée. L'idée de faire une orgie de glaces à la fraise et d'être le centre de la dévotion générale n'était pas pour me déplaire, bien au contraire. J'attendis donc, sans trop de crainte, le jour J fatidique.

J comme Jeudi. À neuf heures précises, le professeur Askenazy sonna à la porte. Louisette se précipita pour ouvrir les deux battants du portail alors qu'un seul eût largement suffi. Frédo avait fui le champ des opérations de bonne heure, épouvanté à l'idée qu'il puisse se transformer en champ de bataille. Pénétré de son importance, le professeur envahit notre petit-trois-pièces-sur-cour, suivi d'une infirmière diplômée et costumée de blanc qui portait une mallette noire.

Le professeur prit la direction du chantier. Sur ses ordres, ma mère et l'infirmière ouvrirent les rideaux et poussèrent la table devant la fenêtre. L'une après l'autre, il malmena les chaises et rangea les deux plus solides à angle droit, dans un des coins de la table. Il ordonna ensuite à ses deux groupies de faire bouillir de l'eau et de lui préparer une pile de serviettes passées à l'eau de Javel. Ensuite la table fut débarrassée de sa toile cirée et de son molleton et couverte d'un drap blanc immaculé.

On s'occupa enfin de moi, la vedette de la journée. Assise en pyjama sur mon lit, je regardai tout sans rien dire, la panique vrillée au ventre. Le digne professeur me fit asseoir en pleine lumière devant la fenêtre. Il croisa mes bras derrière le dossier de la chaise et attacha mes poignets avec la ceinture de ma robe de chambre. De la même façon, il arrima solidement mes deux jambes aux pattes de la chaise. Craignait-il que je le dérouille à coups de poing ou que je lui décore les tibias de bleus spectaculaires? Qu'est-ce qu'il croyait, il m'était encore possible de mordre! Rassuré quant à mon immobilité future, il me momifia dans un autre drap blanc qu'il noua d'un gros nœud sur ma nuque.

Pendant ce temps, l'infirmière déballait les instruments contenus dans la mallette et les alignait en rang d'oignons sur la table: plusieurs petites bouteilles contenant des liquides transparents, une boîte en métal blanc remplie d'instruments stérilisés, des compresses de gaze, du coton hydrophile, une paire de gants en caoutchouc et... une espèce de muselière plate qui n'aurait convenu à aucun chien de ma connaissance.

Tu vois un peu le topo! Inutile de te dire que j'étais morte de trouille et que je pleurais à chaudes larmes. Le professeur s'assit en face de moi, coinçant mes deux genoux tremblants entre ses grandes jambes maigres. Il installa autour de sa tête un bandeau muni d'une lampe qu'il alluma. L'infirmière saisit la muselière et me l'appliqua sur le nez en serrant une courroie à l'arrière de ma tête. J'entendis le petit bruit sec d'une ampoule qu'on casse et le prof qui disait : « Allez-y, Mademoiselle. »

La mystérieuse fragrance de l'éther envahit brusquement mes narines et me jeta le cœur au bord des lèvres. Les fleurs du papier peint devinrent floues. Je respirai profondément cette odeur piquante et inconnue qui dissolvait mon angoisse et transportait ma conscience dans un impalpable univers coloré. J'étais encore vaguement présente et j'entendais des cliquetis de métal et des voix déformées par le brouillard où je flottais. On bloqua un instrument froid dans ma bouche pour m'empêcher de la fermer. Impossible de mordre, j'avais perdu sur toute la ligne ! Je sombrai ensuite, toutes voiles dehors, dans la bienheureuse félicité de mon premier paradis artificiel.

Impossible de te dire combien de temps dura ce voyage. J'ai repris conscience quelques instants lorsqu'on me délivra de mon carcan. Ma mémoire s'est imprégnée d'une vision de cauchemar : la table éclaboussée de sang et les lunettes du professeur picotées de petites fleurs rouges. Dans un éclair, j'aperçus deux bouchées sanglantes, immergées dans un verre à moutarde empli d'alcool : mes récalcitrantes amygdales dont on venait enfin d'avoir raison. Le Professeur Askenazy s'en alla sans que je ne m'en rende compte.

La suite fut détestable. Cette chipie d'Élisabeth Rocher m'avait raconté de sales craques, ou alors, nous ne vivions pas sur la même planète. De retour à l'école, j'avais bien l'intention de lui régler son compte à celle-là. En fait de glaces à la fraise, c'est à peine si je pus ingurgiter quelques cuillérées d'eau d'Évian tièdes afin de délayer les caillots de sang qui me donnaient mal au cœur et d'apaiser quelques secondes ma gorge charcutée à vif. Ma convalescence dura des jours et des jours. L'après-midi de printemps où je chantai à tue-tête et sans m'étrangler le grand air de Carmen, « Toréador, prends ga-a-a-arde », je pus considérer que j'étais guérie.

Je te vois d'ici, le scepticisme au coin du sourire. Tu dois te demander si je n'ai pas un peu forcé la note et exagéré la couleur locale. Je te jure, ma Francine, que tout cela est véridique, pas tellement éloigné de ce qui se passait au Québec, si j'en crois les histoires d'horreur que l'on m'a racontées sur le sujet. Depuis Pasteur, nous avions adopté l'aseptie mais la psychologie n'en était qu'à ses premiers balbutiements et la compassion n'était pas considérée comme une matière obligatoire au cursus médical. Pas plus qu'aujourd'hui d'ailleurs!

Le Professeur Askenazy représentait l'Expérience et la Tradition et se souciait peu de faire évoluer ses techniques opératoires de façon à les rendre moins traumatisantes. Pourtant, elles existaient déjà, ces nouvelles techniques. Élisabeth Rocher en avait bénéficié. Les terribles angines cessèrent de m'empoisonner la vie et la santé de fer dont je pus me prévaloir désormais valait bien ces quelques jours de souffrance.

Francine

CHAPITRE 20

La baignoire sanglante

Les pères sont bizarres parfois. Le mien l'était en toute connaissance de cause. Lion de par son zodiaque, il n'a jamais pu accepter la défaite. Son regard d'un bleu profond s'installait dans le nôtre et pouvait y veiller jusque très tard! Jusqu'à ce que nous acceptions de lui donner raison pour ménager l'orgueil qui l'habitait.

J'étais cependant capable de soutenir un assez long siège, et mon état-major prenait de l'assurance grâce aux connaissances multiples apprises au cours classique. Papa avait beau se comparer à nous, brandir la supériorité de ses études à l'École Technique de Montréal, invoquer l'amollissement des clercs et des nonnes ou nous rabâcher de ses souvenirs de jeunesse, jamais il ne nous aura autant convaincus de son omnipotence que par son humeur gaillarde. Il n'avait qu'à glisser: «il était une fois...» pour que nous consacrions toute notre énergie à l'écouter.

Jamais je n'ai été impressionnée par ses rugissements de lion. Je savais qu'il m'aimait. Je n'en ai jamais vraiment douté. Je me sentais en sécurité comme un haricot dans sa gousse!

Il y eut quand même certaines situations embêtantes où j'aurais préféré être auprès de ma mère.

Un samedi soir, je ne me souviens plus pourquoi, je me retrouvai seule à la maison avec papa. Nous étions obligés de nous baigner le samedi, l'un après l'autre, souvent dans la même eau. Cette fois-là, personne avec qui partager mon eau rehaussée de savon à vaisselle Mir. (Les mousses pour le bain n'existaient que chez les riches ou les vedettes de cinéma. Le savon liquide pour la vaisselle représentait la seule source de bulles permise. Pour nous laver, le savon Dove, qui semblait si onctueux à la télévision, n'avait aucun attrait pour ma mère qui lui préférait un savon de ménage de la grosseur d'une livre de beurre. Avec ce savon jaune, elle lavait aussi bien le linge que les planchers, aussi bien une tache d'huile qu'un bedon de chérubin. C'était ainsi. Pas de luxe chez nous.)

Donc, ce soir-là, j'entrepris de mariner dans la baignoire où j'avais apporté un verre pour me rincer les cheveux quand ils seraient imprégnés de shampoing. Ce verre aura beaucoup d'importance dans cette histoire, tu verras, chère Angèle. Un verre sans prétention. Un verre qui avait contenu de la moutarde ou quelque chose dans le genre. Un verre de vitre bien ordinaire de la Dominion Glass.

Sur la pente du bain, à l'opposé des robinets, j'avais pris l'habitude d'appliquer une épaisse couche de savon sur laquelle je glissais avec toute la témérité de mes douze ans. Je pratiquais ce sport bien avant l'introduction de la luge aux olympiques d'hiver. Le voyage, lui, n'était pas très long. J'arrivais rapidement de l'autre côté de la baignoire.

À ma huitième descente, j'oubliai le verre, qui gisait au fond de l'onde comme une épave.

En m'élançant du haut d'une légère obésité pondérée, je tombai assise sur le contenant fragile qui se cassa en une dizaine de tessons. Je me relevai en hurlant, les morceaux de vitre ayant tailladé mon arrière-train. Je saignais comme un bœuf. Le sang, dégoulinant en rus pressés, formait de longs sillons sur mes jambes et quelques instants plus tard, l'eau devint rouge comme la mer que Moïse avait dû séparer. Papa disait toujours que c'était ce qui enhardissait les juifs : ils séparaient toutes choses, même la mer, pour s'enrichir.

J'étais là, beuglant comme un mammifère à l'abattoir, seule avec mon petit père qui n'avait pas vu mes fesses depuis mes dix-huit mois ! Il n'avait jamais vu mes seins non plus! Il n'avait d'ailleurs jamais rien vu de ma nudité. Celle qu'il fallait cacher même aux gens les plus près de nous. S'il fallait lever ma tunique pour montrer mon vaccin à l'infirmière de l'école – très haut sur la cuisse gauche –, j'avais découvert un stratagème pour ne montrer que cette ronde cicatrice qui prouvait que je ne pouvais pas être porteuse de la variole!

Je ne savais que faire. Et mon père n'était pas sourd, tiens! Il accourut à mes hurlements.

«Ouvre la porte! cria-t-il.

— J' peux pas!

— Ouvre la porte que je te dis!

— J' veux pas!

— Mets-toi une serviette.

— ...

— Je ne regarderai pas!

— ...»

Je continuais à pleurer en silence pendant que le sang coulait.

«Ouvre la porte, Francine, ou je défonce, sacramence!»

Défoncer la porte. Je savais qu'il allait le faire.

Je déverrouillai lentement après m'être caché le devant dans une serviette.

Lorsqu'il vit le carnage, je crus qu'il allait s'évanouir. Mais non. Il se mit à rire.

«C'est rien, ça! T'es rendue une grand-fille, c'est toute!»

Je me mis à crier de toutes mes forces. Madame Donais a dû tout entendre dans la salle de bains d'à côté.

«C'est pas ça! C'est le verre! Le verre est cassé dans le bain!»

Il comprit vite que ses présomptions quant à mon rôle de femme sur cette terre ne me rassureraient pas. Je songeai que s'il fallait saigner à ce point à chaque menstruation pour devenir femme, j'aimais mieux mourir tout de suite.

«Je suis pas mal niaiseux. Ben non. Ça arrive pas comme ça.»

Il me serra dans ses bras avant d'entreprendre la séance de dévitrage.

Sans rire une seule fois (ce qui était certes beaucoup lui demander), il retira à l'aide de pinces à épiler tous les morceaux de verre qui s'étaient plantés dans ma croupe.

«Dépêche! J'suis gelée!

— Si j'en oublie un, il peut monter jusqu'au cœur et...

— Et?

— Il y en a qui en meurent», laissa-t-il tomber.

Mourir à cause d'un morceau de verre à moutarde dans le cœur! Quelle vilaine mort pour une jeune fille qui voulait devenir une écrivaine ou une cantatrice célèbre.

Je serrai les dents pendant encore une heure. Papa appuyait sur chaque plaie et disait:

«Et puis?

— Je crois que tu l'as eue».

Lorsque je pus recevoir des petits tapotements sur les fesses sans ressentir la moindre pointe d'un seul morceau de vitre, je revêtis mon pyjama.

Papa s'affaira à tout nettoyer avant l'arrivée du reste de la famille.

En voyant maman, je courus pleurer dans ses bras et, devant le regard accusateur qu'elle dardait sur mon pauvre père, je lui racontai toute l'aventure du bain et vantai aussi le courage et la patience de mon sauveur. Je crois même avoir baissé six fois mon pantalon de pyjama pour montrer tous les «diachylons» qui ornaient mes foufounes endolories.

Je ne sais pourquoi, mais à compter de ce jour, je devins sage et le bain du samedi soir cessa d'être l'occasion de m'adonner aux sports olympiques.

Je me lavais et me séchais, un point c'est tout.

C'est avec des expériences comme celle-là que je suis passée de l'enfance à l'adolescence, de la témérité à la sagesse.

En fin de compte, mes règles n'arrivèrent pas avant ma quinzième année. J'avais entendu les pires sornettes à leur sujet. Une chose était claire cependant: elles n'étaient pas reliées à la sexualité. Tu sais, Angèle, ici on aimait mieux ne rien nous dire que de tout expliquer.

Les menstruations qu'on avouait sous la menace seulement en disant «être malade», étaient un sujet tabou. Durant
nos «périodes», pas question de prendre un bain ou encore
de se baigner à la piscine municipale; les crues abondantes
risqueraient de laisser des marques à notre suite sur le sol.
Nous transportions nos serviettes hygiéniques au fond d'un
sac de papier lui-même enfoncé dans notre sac d'école. Et
lorsqu'une pénurie s'annonçait, nous demandions en chu-
chotant à notre meilleure compagne si elle n'avait pas un
«sandwich» à nous refiler.

Tu imagines un peu comment se vivait notre féminité
alors que nous étions même incapables d'aborder le sujet
entre filles!

Il en était ainsi pour les choses sexuelles. Les mystères de
la procréation n'étaient souvent révélés aux femmes que le
premier soir de leur voyage de noces. C'était très catholique
chez nous, ma chère gennevilloise! Et la religion s'infiltrait
jusque dans les plus profonds secrets des alcôves. Je te racon-
terai plus tard.

Angèle

CHAPITRE 21

Les Anglais

Lorsque je me projette ta mésaventure sanglante sur mon cinéma intérieur, je m'étouffe littéralement de rire. Ce n'est pas charitable, je sais, mais je t'imagine si bien, drapée dans ta serviette et ta pudeur, les «foufounes» criblées d'éclats de verre. Pas banal comme façon d'aborder le cycle du sang dont nous sommes toutes tributaires.

J'ai eu, moi aussi, une fausse alerte, une sorte d'initiation précoce à l'état de «grande fille». Elle est moins spectaculaire que la tienne mais elle n'est pas piquée des vers, tu vas voir.

Vers l'âge de dix ans, ma mère m'avait prévenue que j'allais bientôt être une «jeune fille». Cela voulait dire que j'allais saigner un peu chaque mois entre les cuisses et qu'à partir de ce moment-là, mon corps allait être en mesure de fabriquer des bébés. Par conséquent, je devais être très très très prudente et faire attention aux garçons. Pourquoi? Mystère! Elle n'alla pas jusqu'à s'embarquer dans les détails scabreux du péril en question.

À l'école, nous parlions souvent des «Anglais», sujet de conversation très intrigant pour moi. Béatrice Fréchou me confia un jour que ses Anglais avaient débarqué durant la nuit: «Un vrai massacre, ma vieille, j'ai inondé mon lit!» Chaque mois, Geneviève Cunat prenait un air affolé et priait l'institutrice de la laisser sortir aux cabinets en cachant un petit paquet dans sa poche, *because* les Anglais ! Jacqueline Ivance était régulièrement dispensée de gymnastique et de rythmique et restait assise dans un coin, de préférence près du radiateur, le visage livide, en se tenant le ventre. Encore les Anglais ! Quant à la grande Loiseau, qui ne loupait jamais une occasion de se faire remarquer, elle alla jusqu'à tomber dans les pommes en plein cours d'histoire de l'Égypte ancienne ; pourtant, à première vue, les Anglais n'avaient rien à voir là-dedans. On racontait aussi qu'il ne fallait surtout pas se baigner quand on LES avait ; imagine un peu, on pouvait en mourir.

Les filles qui invitaient régulièrement ces redoutables « Britanniques » dans leur intimité étaient auréolées d'un certain prestige. On les plaignait un peu pour la forme mais on les enviait. Elles avaient traversé la subtile frontière qui sépare les enfants insouciantes des femmes en devenir.

Ce n'est que bien des années plus tard que j'ai appris l'origine de l'expression « avoir ses Anglais » qui nous était si familière. L'histoire est jolie. Comme tu le sais, la France et l'Angleterre se sont copieusement tapé dessus durant des siècles. À certaines époques, les soudards anglais portaient des tuniques rouges. Ces silhouettes écarlates qui déferlaient dans les campagnes et les villages étaient – pour les femmes surtout – synonymes de douleur, de viol et de mort. Tu peux faire le rapprochement. À grands coups de crampes, de pincements et de pleurs, ce sang rouge qui tachait nos culottes de coton blanc ne représentait-il pas la mort de notre enfance et le viol de notre innocence ?

Entre onze et douze ans, durant ma première année de sixième, j'ai grandi de douze centimères exactement. L'enfer ! Passer de 1,58 m à 1,70 m en moins de douze mois n'est pas précisément une sinécure. Cette année-là, je n'ai rien fait d'autre que grandir. Impossible de me concentrer à l'école : un régiment d'insectes microscopiques sillonnait tous les recoins de mon corps, étirait douloureusement mes bras et mes jambes, allongeait mes mains et mes pieds à vue d'œil, faisait craquer sinistrement tous mes os et m'endormait régulièrement durant la classe.

Ma mère était découragée. Mes notes étaient catas-
trophiques mais ce n'est pas cela qui la tracassait le plus. Son
budget serré avait du mal à s'accommoder de mon extrava-
gante croissance. Pour les vêtements, ça pouvait toujours
aller : on défaisait les ourlets des jupes et on rallongeait les
manches des gilets. Mais pour les chaussures, c'était une autre
histoire. Deux paires par année, c'était tout ce que nous
pouvions nous permettre : des brodequins fermés pour l'hiver
et des sandalettes pour l'été... mais mes pieds allongeaient si
vite qu'en trois mois à peine mes orteils se retrouvaient
racrapotés dans des souliers trop petits.

Alarmée par ma somnolence continuelle et mon petit
visage d'enfant perdu dans une silhouette déraisonnable,
Mademoiselle Fraval, l'institutrice de sixième, convoqua ma
mère pour l'entretenir de mon glorieux bulletin scolaire. Cette
rencontre me valut une visite chez le docteur Ducaux qui
m'examina sous toutes les coutures. Rien de grave à l'horizon.
Notre brave praticien diagnostiqua un début d'anémie et me
prescrivit un tout nouveau médicament miracle, destiné à me
requinquer en moins de deux : le Sulfoïdol Robin. Trois fois
par jour, une cuillerée de granulés bleus à délayer dans un
verre d'eau. L'effet était garanti.

Ce n'était pas vraiment mauvais à boire, un peu sucré,
vaguement écœurant. Je bus cette potion magique durant
plusieurs semaines sans constater de métamorphose géniale.
Jusqu'au jour où un étrange malaise me surprit au lever du
lit. Ma tête était lourde comme une cloche et une crampe
inconnue dans le bas du ventre m'informa que quelque chose
ne tournait pas rond. Je descendis l'escalier pour aller faire
pipi aux « Vécés ». Une douleur intense me scia le corps en
deux lorsque j'essayai d'uriner. Ça brûlait, ça chauffait, c'était
intolérable ! Je gémis de peur et de souffrance et remontai
dare-dare l'escalier lorsque je constatai que mon pyjama
portait de grandes zébrures de sang séché.

Mes premières règles ! C'était donc ça ! Si ça devait se
passer ainsi chaque mois, ma vie allait devenir un cauchemar.
Était-ce là le lot de toutes les femmes ? De quel prix devions-
nous payer notre fécondité ?

Louisette se fit rassurante. Non, non, non, d'habitude tout se passait bien... il fallait que je me montre patiente, mon « jeune corps » allait sûrement finir par s'habituer. Avec un certain cérémonial, elle déballa alors tout le bataclan nécessaire à l'événement : une sorte de ceinture rose en éponge élastique, munie de deux ganses, et une serviette hygiénique blanche et rose, semblable à une tartine allongée, terminée par deux bandes de tissu transparent. On installait la ceinture autour des hanches et on passait les deux bandes de tissu de la serviette dans les ganses avant de les nouer par en dessous. Il fallait faire attention à ne pas serrer le nœud trop fort sinon ça risquait d'être du sport au changement de quart. À peu près le même principe que dans ton Amérique, quoi ! Cet attirail s'appelait pompeusement « La Garniture ». Garnie pour la première fois de ma vie, je marchais comme si j'avais un oreiller coincé entre les fesses, convaincue que tout le monde voyait à l'œil nu le monstrueux rembourrage qui épongeait mon sang.

Mais mon « jeune corps » n'était pas prêt à de tels bouleversements. Pendant deux jours, je me tordis de douleur à chaque miction et l'idée de devoir uriner me terrorisait tellement que j'évitais de boire. Ce n'était pas normal ! On fit venir le docteur Ducaux qui suspendit immédiatement le Sulfoïdol Robin, l'accusant de tous les maux qui m'accablaient. Selon lui, le médicament-miracle n'était pas encore au point... d'autres petites patientes avaient subi les mêmes inconvénients que moi... il allait en informer immédiatement le laboratoire pharmaceutique, et blablabla ! Aurais-je servi de cobaye, par hasard ?

Tout s'apaisa en quelques jours. Je cessai de saigner. Je pus boire tout mon saoul sans me poser de questions métaphysiques et l'on rangea « La Garniture » dans un tiroir jusqu'à la prochaine fois.

Il se passa au moins six mois avant que les Anglais ne me visitent à nouveau. Entre-temps, l'été s'annonça et, comme tous les ans, je partis en colonie de vacances. Ma mère cacha dans ma valise l'incontournable garniture « au cas où ». Elle me donna une foule de consignes sur la façon élégante et discrète de jeter les serviettes hygiéniques afin que personne ne s'aperçoive de rien. Ces choses-là devaient absolument rester secrètes et il était de la dernière inconvenance d'aborder ce sujet avec un individu du sexe masculin, aussi proche soit-il. J'émis quelques doutes : avec les petits shorts courts qui nous étaient fournis à la colo, tout le monde allait s'apercevoir en moins d'une minute que j'avais mes Anglais. J'en étais, à l'avance, à moitié morte de honte.

Après avoir déballé mes effets et les avoir rangés dans le casier ouvert à côté de mon lit, je décidai de laisser l'attirail dans ma valise, fermée à clé. Impossible de laisser traîner «ÇA» à la portée du premier regard indiscret! Comble de malchance, les moniteurs empilèrent les valises dans un local du grenier, fermé à clé, lui aussi, et hors de portée. Je te jure, Francine, que mes vacances furent quasi gâchées par la perspective d'une permission à demander afin d'aller récupérer mon équipement, si le besoin s'en faisait sentir.

Lorsque mes Anglais débarquèrent pour de bon, j'étais à l'école. Une sensation de chaleur humide m'envahit. Je n'avais mal nulle part mais l'inconfort persistait. Dans les cabinets de l'école, je relevai ma jupe : deux rigoles rouges serpentaient sur la peau lisse de mes cuisses. Affolée, j'appelai Martine à la rescousse et elle me conseilla d'utiliser mon mouchoir pour éponger «le plus gros». Comme il restait peu de temps avant la fin de la classe, elle proposa de m'emmener chez elle afin que sa mère arrange tout ça. C'est donc Madame Quentric qui me prêta tout le nécessaire pour que je puisse rentrer chez moi sans jouer les petits poucets. Par la même occasion, j'en profitai pour lui demander quelques précisions sur des détails qui me turlupinaient. Question plomberie féminine, elle était incollable. Pour elle, un chat était un chat et elle ne voyait pas l'intérêt de s'embarrasser de cigognes, d'abeilles ou de choux pour expliquer ce qui était si naturel.

Fière de ma science toute neuve, je m'empressai d'en faire bénéficier ma mère, dès mon retour à la maison. Louisette fut horrifiée de l'intrusion de cette pure étrangère dans nos affaires de famille. Quant à Frédo, il devint fou furieux. Éclusant plusieurs verres pour se donner du courage, il déclara qu'il allait, de ce pas, casser la gueule à cette sale bonne femme qui osait raconter des choses aussi dégradantes à une enfant innocente.

Il partit en claquant la porte. Après une halte désaltérante dans son troquet favori, histoire de se pomper un peu plus, il débarqua dans la cité-jardin où habitait mon amie et monta jusqu'au troisième en vociférant contre la «putain boiteuse». Sur son passage, toutes les portes s'ouvrirent avec intérêt et c'est sans doute ce qui l'empêcha de passer réellement aux actes. Son mari étant absent, Madame Quentric reçut Frédo sur le palier et essaya de lui faire entendre raison. En vain! Il la traita de tous les noms et lui jura qu'il allait porter plainte contre elle... pour atteinte aux bonnes mœurs. À bout de patience, elle lui claqua la porte au nez. Martine se fit copieusement enguirlander et dut promettre à sa mère de ne plus jamais lui ramener de chiens perdus dans mon genre, incapables de tenir leur langue! Tu te doutes bien que Frédo ne mit jamais sa menace à exécution, mais tout le quartier s'était réjoui de son grand numéro de cirque, ajoutant un petit poids supplémentaire à mon humiliation.

J'ai gardé le meilleur pour la fin. Tu vas être jalouse. Toi qui vivais dans un confort bien relatif, qui m'aurait semblé le comble du luxe, tu n'as connu que les serviettes jetables, veinarde! Pour moi, il en alla tout autrement. Les garnitures en cellulose coûtaient cher. Nous ne les utilisions que dans des cas exceptionnels. Le reste du temps, nous nous protégions avec des espèces de couches en coton éponge qu'il fallait décrasser après chaque cycle, à grand renfort d'huile de coude.

Dès que les Anglais apparaissaient, les serviettes s'entassaient dans un seau fermé, empli d'eau additionnée de Javel et de savon en paillettes. Tu imagines l'odeur au bout de plusieurs jours. Le sang se décomposait pour former une bouillasse grisâtre où nos linges macéraient. C'était un véritable soulagement de renverser le seau dans l'évier et d'échapper enfin à l'odeur culpabilisante de son contenu. Une par une, il fallait frotter les diaboliques serviettes afin d'en faire disparaître toute tache suspecte. Ensuite, on les faisait bouillir pour les désinfecter avant de les rincer à grande eau. Toute femme digne de ce nom ne pouvait étendre que des linges à Anglais parfaitement immaculés sur sa corde à linge.

C'était la pire corvée que tu puisses imaginer et je me la suis tapée tous les mois durant plusieurs années. C'était ainsi ! Pas moyen d'échapper à notre féminitude, nos petits moyens ne nous permettaient ni la révolte – qui n'aurait rien changé – ni la liberté que représentaient les garnitures jetables. Inutile de te dire que lorsque j'ai reçu ma première paie, à l'âge de quinze ans, je suis résolument entrée dans l'ère du tampon invisible... et jetable !

Francine

CHAPITRE 22

La chasse à l'ours

Mon père n'était pas, à bien y songer maintenant, tout à fait de son époque.

Son côté « rose » très particulier déteignait sur ses congénères avec le contraste d'un ciel d'orage sur fond de soleil. Papa n'en était pas du tout conscient et il affichait même une candeur de poétereau.

Nous étions tellement enviés, maman, mon frère et moi, de « posséder » un tel mari et un tel père que nous évitions même de vanter ses exploits devant les voisines et les amies de la famille qui, crois-moi, se morfondaient de jalousie.

Jacques Allard, murmurait-on, lave la vaisselle et repasse ses chemises !

Si elles avaient su. Jacques Allard faisait aussi la cuisine, nous coiffait pour l'école, teignait les cheveux de maman au *Clairol* et adorait faire la « commande à la groceric ». Il pouvait réparer n'importe quoi, du plus petit appareil jusqu'à la corniche branlante ; de la semelle de soulier au jouet désarticulé. Sous ses doigts, nos cauchemars chroniques lâchaient prise. Sous ses mains chaudes, le Vicks nous enrobait d'une chaleur qui ressemblait indiscutablement à de l'amour.

Mais cela ne l'empêchait pas, en lion qu'il était, de pousser quelques rugissements de temps à autre pour affirmer son autorité.

« Faut ben que je montre que c'est moi le boss de temps en temps ! » disait-il en riant.

Ma mère était vraiment amoureuse de lui et se faisait un devoir de nous répéter combien nous avions de chance d'avoir des parents qui s'aimaient si fort. Comme elle disait vrai !

Elle nous avait choisi un père qui connaissait tout, qui pouvait tout faire ; un comique dont on se disputait la présence à toutes les occasions, un conteur d'histoires inimitable, mais aussi un type rempli d'orgueil et dont il était interdit de se moquer.

Pas le droit, entre autres, de nous amuser de sa lente calvitie. Il la traitait à l'aide d'une pharmacopée huronne, se frictionnant avec de la graisse d'ours et de l'extrait de queue de castor. Parfois, il ajoutait à ses crèmes magiques de l'huile de cade importée de Grèce qu'il se procurait à un coût extravagant. Il ne fallait jamais rire non plus de ses nombreux lapsus ou de ses chansons dont il mélangeait les paroles.

« C'est pas la même, insistait-il, c'en est une autre ! »

Petite et rousse, madame Jacques Allard (le nom de Yolande dans les années cinquante) trottinait derrière son époux en riant des calembours que son Jacquot-la-blague répétait inlassablement. Cent fois le même, et elle riait encore ! Combien de fois l'ai-je surprise, les yeux dans le mouchoir de dentelle qu'elle avait sorti de sa manche, en train d'étouffer le flot irrépressible de ses rires.

« Le secret de la réussite d'un couple, disait maman, c'est d'être le meilleur public de l'autre. »

Et elle avait mille fois raison.

Papa était un orgueilleux tendre.

« Comme du vieux camembert : dur en dehors, mou en dedans », s'amusait-il à nous répéter comme si c'était la trouvaille du siècle.

Il ne nous punissait jamais. Même lorsque notre mère essayait de nous en imposer en s'appuyant sur le solennel « Tu vas voir quand ton père va arriver ! » Nous ne répondions rien parce que le quatrième commandement de Dieu l'interdisait, mais nous pouffions de rire dès qu'elle avait le dos tourné.

Notre père, se fâcher? Jacques Allard, nous assener la moindre taloche?

Ah! bien sûr, il frappait parfois sur notre matelas; entre deux clins d'œil, nous laissions échapper un beuglement de mammifère traqué, ce qui avait pour but de rassurer maman quant à la virilité de son homme.

Mais jamais je n'ai senti le plat de la paume paternelle autrement que pour les caresses.

Lorsqu'il faisait rouler entre nos quatre mains la barre de savon pour que j'aie «les menottes qui sentent bon l'Ivory» avant de se mettre à table, je fondais littéralement de tendresse.

Aujourd'hui, je remarque, entre le pouce et l'index, cette protubérance charnue héritée de mon père qui me réconcilie avec la science de la génétique.

J'aimais, le dimanche matin, m'étendre près de lui dans son lit, me réfugier sous son aisselle pour écouter ses histoires à dormir debout. Je lui ai demandé cent fois:

«Raconte, à la chasse, quand tu as reviré l'ours à l'envers!»

Il riait et nous ânonnions tous les deux, dans une harmonie quasi parfaite:

«J'ai mis mon bras dans sa gueule, j'ai attrapé sa queue pis je l'ai reviré à l'envers, le *démench!*»

Et puis, nous faisions la petite cabane sous les couvertures. C'était notre plaisir, à papa et à moi, de partager de petits moments ensemble, sans le reste de la famille.

Ah! s'il n'y avait pas eu Mère Sainte-Berthe!

Lorsque je fus en syntaxe (la deuxième année du fameux cours classique), notre titulaire nous apprit la méfiance!

Jamais elle n'avait dit pourquoi elle nous défendait catégoriquement de nous asseoir sur les calorifères ondulés de la classe. Jamais elle n'avait expliqué pourquoi il ne fallait jamais porter de soutien-gorge noir sous notre blouse blanche ni jouer au théâtre avec de «vrais» garçons. Cependant, elle se fit un devoir de nous mettre en garde contre l'ardeur insistante des oncles ou des amis de la famille.

«Je dirais même qu'il faut que vous fassiez attention à votre père. Des caresses un peu... prolongées, ce sont des choses qui arrivent, vous savez! Comme coucher dans le même lit...»

Alors là! J'ai senti monter soudain une grande chaleur, comparable à de la fièvre, un élan de nausée et un picotement continu dans mes mollets. Les yeux dans l'eau, j'ai cessé d'entendre la voix pointue de la religieuse. Maman dut venir me chercher à l'école. Or, je ne pouvais rien lui dire!

Qu'aurait-elle pensé, ma pauvre petite mère aussi fragile qu'un verre de cristal taillé? Non pas que je craignais qu'elle s'en prenne à Mère Sainte-Berthe; c'était plutôt le contraire qui m'effrayait. Si je racontais tout à maman et qu'elle aille le répéter à la sœur, celle-ci allait certainement s'emballer, sauter sur d'autres sujets et invoquer le moindre de mes travers pour ragaillardir son argumentation.

Nous n'avions jamais raison avec les institutrices, jamais! Parce qu'elles détenaient tout le savoir en matière d'éducation des filles. Parce que, à cette époque, les parents étaient des autodidactes. Ils se fiaient entièrement aux religieuses, des personnes instruites, pour nous élever, tout nous apprendre et nous encadrer, de préférence aussi serré que des jeunes tulipes.

Je me mis à songer.

Si jamais je donnais raison à ma titulaire, je ne connaîtrais plus jamais de fous rires, de poils d'aisselle dans le nez, de bonnes odeurs de mon père... Comment expliquer qu'à quatorze ans, je devais me méfier de mon «petit papa conteux-de-pipes»?

J'attendis, horrifiée! Chez nous, on ne se posait pas les questions que le docteur Spock avait inventées pour semer la zizanie dans les familles heureuses! Loin de nous, Œdipe et sa parenté!

Malheureusement, il y eut Mère Sainte-Berthe qui avait étudié la psychologie à l'université!

J'ai compris qu'elle venait de briser mon rêve. De mettre fin à ma candeur. De tuer mon enfance.

Un soir, je profitai d'un film triste à la télévision pour fondre en larmes.

Papa, qui trouvait ma réaction exagérée, voulut me prendre dans ses bras pour me consoler. J'entendis ma voix entrecoupée de puissants hoquets lui expliquer les craintes de la «pisseuse» Mère Sainte-Berthe-de-la-Charité (c'était son véritable nom de religion!).

Papa fut ébranlé à en faire pitié. Mise au courant de tout, ma mère voulut aller à l'école prévenir la terrible confrontation qui opposerait la nonne à mon père. Mais après une longue discussion, ils préférèrent tout oublier en souhaitant que je fasse de même.

Je ne le fis qu'à moitié. Mais plus jamais je ne fus capable de me coucher auprès de papa.

Et de ce fait, je n'entendis plus jamais parler de la chasse à l'ours.

Angèle

CHAPITRE 23

Les mains d'Alban

La sexualité ! Si je comprends bien, c'était à peu près la même chose des deux côtés de l'Atlantique. Nos éducateurs coincés se gardaient bien de s'aventurer dans les détails. Ils nous assommaient de mises en garde apocalyptiques mais il nous manquait bien des connaissances pour évaluer sainement les terribles dangers à affronter. Je connais plusieurs filles de notre génération qui ont paniqué après leur premier « baiser profond » (celui que tu appelles le *frenchkiss* en hommage au libertinage français, je suppose !), persuadées qu'il suffisait d'un seul contact de langues pour devenir enceintes. Incroyable, jusqu'où pouvait aller notre ignorance !

Les vagues explications de ma mère, conjuguées à celles, plus précises, de Madame Quentric, m'avaient donné une assez juste idée de la mécanique féminine. Louisette possédait un dictionnaire médical qu'elle ne m'a jamais autorisée à consulter officiellement mais je la soupçonne de l'avoir sciemment laissé à ma portée afin que je puisse aller y chercher les informations qui me manquaient. Les planches en couleur détaillant l'accouchement me chamboulaient. Le corps de la mère était représenté en coupe, ce qui lui donnait un aspect surréaliste, mais le bébé semblait bien réel avec ses cheveux bruns et ses yeux ouverts. Une main sur le ventre et le cœur proche des larmes, j'essayais d'imaginer la réalité d'un tel événement, sans pouvoir me défendre d'un certain malaise. Mettre au monde un enfant en dehors du mariage était une catastrophe ruinant à jamais la vie d'une jeune fille. J'étais très bien placée pour le savoir.

Les garçons étaient élevés beaucoup plus librement que nous. En cas de pépin, la faute retombait exclusivement sur la fille qui n'avait pas su être prudente. «Bouclez vos poules, je lâche mon coq!» Combien de fois n'avons-nous pas entendu cet adage de la bouche même de parents, qui considéraient comme normal un certain dévergondage chez leurs fils, tandis qu'ils élevaient leurs filles comme des nonnes. Deux poids, deux mesures! Les risques n'étaient pas partagés équitablement et le respect de la vie n'était pas enseigné avec la même rigueur des deux côtés.

À treize ans, j'étais ce qu'on appelle une innocente, mon expérience des individus mâles avoisinant le zéro absolu. Remarque, je n'étais tout de même pas complètement ignare. Dans la cour de récré, les copines parlaient souvent de ces «choses-là». C'était LE sujet de conversation croustillant par excellence, que l'on abordait avec force chuchotements et rires de bécasses. Certaines filles de mon âge se vantaient de «l'avoir fait» et employaient à tort et à travers des mots bizarres tels que pénis, érection ou éjaculation qui me jetaient dans des abîmes de confusion. Bien plus dégourdie que moi, mon inséparable Martine avait mis quelque ordre dans le fatras de mes notions sexuelles, tout en respectant mes pudeurs et ma grande naïveté.

Il faut dire aussi que Frédo, l'homme principal de ma vie, n'était pas un modèle très inspirant. Il avait tout de l'anti-prince charmant et la fréquentation quotidienne de ses colères et de sa médiocrité m'avait enseigné la méfiance et une certaine aversion du genre masculin. J'étais bien décidée: ce n'était pas demain la veille que j'allais laisser tomber mes défenses.

Mais tu sais aussi bien que moi que la vie nous rattrape par des biais impossibles. Deux événements, presque simultanés, m'éveillèrent à la réalité douce-amère de notre complexité sexuelle.

As-tu déjà détesté ton prénom? «Francine», ce n'est pas très emballant mais accorde-moi que c'est tout de même moins difficile à trimballer dans la vie que «Angèle». J'ai longtemps ragé contre ce prénom suranné et gnangnan qui ouvrait la porte aux inévitables «Antigel» ou «Angélus» ironiquement amicaux. Personne d'autre ne se tapait un prénom pareil dans toute l'école. C'était la mode des Nicole, Françoise, Monique et Chantale, alors tu penses, Angèle c'était à peu près aussi ridicule qu'Anastasie ou Cunégonde... du moins pour moi! (Rassure-toi, j'ai fini par m'habituer!)

Au milieu des années cinquante, notre école devint trop petite. On était en plein dans le baby-boom de l'après-guerre. La municipalité de Gennevilliers fit construire une annexe en préfabriqué sur un terrain vague adjacent. On y installa toutes les classes du premier cycle et on y déménagea la cantine qui menaçait, chaque midi, de faire exploser notre préau. Par conséquent, les grandes de la vieille école durent dorénavant se rendre pour déjeuner à l'annexe. «En rang, deux par deux, s'il vous plaît, Mesdemoiselles!»

Comme les institutrices de service étaient trop peu nombreuses pour surveiller l'immense salle à manger, on assigna deux grandes pour chaque table de douze. Nous avions pour mission de distribuer équitablement les portions qui arrivaient sur les tables en plats chauds, de verser sans gaspillage les verres de lait et de récolter les déchets sur une assiette à la fin du repas, ceux-ci étant récupérés et expédiés à des élevages de cochons de la région parisienne. Nous prenions très au sérieux ces petites tâches qui nous valorisaient, et les gamines qui étaient sous notre responsabilité avaient tout intérêt à manger leur hachis parmentier sans pignocher et à finir jusqu'à la dernière miette l'infâme riz au lait qui nous était servi régulièrement.

À ma table, il y avait une petite fille brune de six ans, silencieuse et sage qui s'appelait, devine un peu? Angèle! Un miracle! J'étais si contente de partager mon pesant prénom avec cette mignonne fillette que je me pris d'une affection quasi délirante pour elle. Non seulement je bourrais son assiette des meilleurs morceaux mais je passais aussi le reste de mon heure de déjeuner à lui inventer des histoires, à l'aider à déchiffrer son abécédaire ou à tourner sa corde à sauter. Martine me trouvait un peu dingue et essayait de réfréner mon ardeur. Sans succès! J'allai même jusqu'à offrir à la brunette quelques-uns des plus beaux buvards de ma collection. La petite Angèle répondait spontanément à mon affection. Avec elle, je retrouvais mes six ans sans aucune arrière-pensée. Elle était la petite sœur que je n'avais pas et comblait un besoin protecteur qui n'avait pas encore trouvé à s'exprimer.

Un beau midi, sans que je sache pourquoi, l'enfant se dirigea vers une autre table, les yeux baissés, fuyant mon regard interrogateur. Pas moyen de lui parler à la récréation; elle m'évita systématiquement. Je ne compris rien à ce revirement et j'en fus perturbée toute la journée, traînant un boulet de chagrin. L'explication ne tarda pas à venir.

Le soir même, la mère de la petite Angèle m'attendait à la sortie de l'école. Elle était bien renseignée sur mon apparence physique car elle m'aborda sans hésitation, le visage mauvais.

«C'est toi, Angèle Delaunois?

— Oui, Madame. C'est pourquoi?

— Espèce de grande dégoûtante! Si tu parles encore une seule fois à ma fille, je te fais renvoyer de l'école. T'as compris?

— …???

— Et puis tes cadeaux, tu peux te les garder! On n'attend pas après toi pour payer des buvards à notre fille!

— Mais…

— Y'a pas de mais! Y'a un nom pour ça: LE DÉTOUR-NEMENT DE MINEURE. Si c'est pas honteux! Y'a plus de morale à notre époque! On vous apprend quoi à l'école? Graine de gouine, va!»

Et sur cette phrase, parfaitement incompréhensible pour moi, elle sortit mes buvards de son cabas et les jeta par terre, dans la boue, sous l'œil médusé du petit troupeau d'élèves qui s'était assemblé pour profiter de l'esclandre. Et elle partit aussi sec!

J'éclatai en larmes hystériques, chavirant sous l'affront, complètement paniquée. Martine ramassa mes buvards et me poussa dare-dare loin de la foule, redoutant – à juste titre – qu'un de nos professeurs vienne fourrer son nez dans cet imbroglio. Elle savait mieux que moi ce qui m'attendait si mes parents avaient vent de l'affaire.

Assise à côté de moi sur un banc de la place Jaffeux, Martine me laissa pleurer tout mon saoul. J'étais blessée dans ce qui me restait de spontanéité enfantine et je ne comprenais absolument pas pourquoi le fait d'offrir des buvards à une petite fille portant mon prénom faisait de moi une « grande dégoûtante » et une... quoi déjà ? Je ne voyais pas ce qui pouvait être répréhensible là-dedans.

Tu te doutes bien que je n'avais jamais entendu parler d'homosexualité ou de pédophilie, subtilités qui dépassaient de beaucoup mes maigres connaissances. Martine était renversée qu'on puisse m'accuser de telles turpitudes. Elle réussit à m'expliquer grosso modo ce que tout cela voulait dire. Je tombai de la lune.

Il fallait donc se méfier aussi de la candeur des petits et anticiper les interprétations erronées des adultes à l'esprit mal tourné. Je n'adressai plus la parole à la petite Angèle, me contentant de l'accompagner d'un regard désolé dont je retrouvai parfois l'écho dans ses grands yeux noirs. Elle n'y était pour rien, la petitoune ! Je ne lui en voulais pas. Par contre, j'ai toujours regretté de n'avoir pas eu l'occasion de dire ma façon de penser à son obsédée de mère.

Le deuxième incident me toucha encore plus car, non seulement il bouleversa mes quelques idées préconçues mais il me permit d'explorer des émotions troublantes et contradictoires.

Je t'ai déjà dit, je crois, que Frédo était tambour dans la fanfare de la R.A.T.P. En juin de chaque année, le Comité d'Entreprise de la Régie organisait un pique-nique monstre où tous les employés des autobus étaient invités. L'événement avait lieu à Fontenay-les-Briis, petit bled situé à une cinquantaine de kilomètres de Paris. Pour l'occasion, Frédo brossait son uniforme de musicien, astiquait les cuivres de son baudrier et faisait laver la coiffe blanche de sa casquette par ma mère. Les musiciens de la fanfare étaient les stars de la journée et donnaient un concert très apprécié sous les grands arbres du château de Fontenay.

Tôt le matin, nous partions dans des autobus affrétés par chaque dépôt. Couvertures, paniers bourrés de boustifaille et de bouteilles, ballons, nous étions chargés comme des mulets mais c'était la fête! Il faisait toujours beau, l'immense parc nous attendait. Des jeux étaient organisés pour les enfants. Mon père retrouvait ses amis musiciens et après le concert, nous nous installions par petits groupes, couvertures multicolores déployées sur l'herbe pour déguster poulet froid, salade de tomates, camembert et biscuit de Savoie, le tout généreusement arrosé, ça va de soi! Ma mère n'oubliait jamais d'emporter un thermos de café fort et sucré qui permettait à Frédo de redescendre un peu sur terre quand venait le temps du retour.

Lâchée dans cette belle nature apprivoisée, je passais la journée à courir après un ballon, à grimper aux arbres, à me balancer jusqu'au mal de cœur et à faire le cochon pendu au trapèze. Il y avait toujours quelqu'un de connaissance pour me payer une glace ou une crêpe. Allongée sur sa couverture, ma mère me suivait d'un œil distrait. Frédo, qui assaisonnait ses souvenirs de guerre de petits verres de rouge, était occupé à fouetter d'autres chats. En fait, j'étais parfaitement libre de faire ce que je voulais.

À treize ans, j'avais acquis un certain sens de la dignité. Cette année-là, pas question d'aller faire le zouave au trapèze, de frotter ma jupe rose à l'écorce des arbres ou d'avaler un kilo de poussière en me défonçant au foot. Ridicule, tout ça! Je condescendis à me balancer en prenant des poses alanguies que je croyais très romantiques, dédaignant de toute ma hauteur les jeux de groupe organisés qui m'avaient passionnée les années précédentes.

Que faire pour profiter de cette journée de liberté providentielle? Car c'est bien beau d'être digne mais aussi très ennuyeux lorsqu'on manque de pratique. Je me mis à échanger des platitudes avec un garçon de mon âge qui relevait d'une grippe et que sa mère confinait à la couverture familiale voisine de la nôtre. C'était le fils du répartiteur du dépôt de la place Voltaire, le supérieur hiérarchique de Frédo, que tous appelaient avec respect Monsieur Alban. Pour éclairer ta lanterne, le répartiteur était le bureaucrate qui organisait l'emploi du temps des chauffeurs et receveurs d'autobus et ceux-ci avaient tout intérêt à se mettre dans ses bonnes grâces s'ils ne voulaient pas se retrouver avec des horaires de travail à coucher dehors.

Me voilà donc en train de jouer aux dames avec le fils du chef de mon père, sous l'œil approbateur de nos parents respectifs. Je perdis quatre parties de suite. À plusieurs reprises, je croisai les yeux gris de Monsieur Alban. Ce n'était pas un regard innocent! Jamais personne ne m'avait regardée ainsi et j'en ressentis un trouble étrange qui se diffusa en ondes frissonnantes le long de mon épine dorsale. Je n'étais qu'une jeune fille gauche qui s'épanouissait à peine mais le chasseur à l'œil exercé qui me reluquait savait deviner la femme qui se cachait derrière.

Sans crier gare, Monsieur Alban se leva brusquement en s'étirant comme un chat.

« Allez les enfants, on bouge un peu. Je vous offre une citronnade à la buvette. »

Mes parents acceptèrent d'un battement de cil. Après la boisson, Monsieur Alban nous paya des beignets poudrés de sucre dont l'odeur de graisse chaude nous accompagna. Mine de rien, il passa la grille du château et s'engagea dans un petit chemin de traverse, bordé de ronces et de chèvrefeuille en fleurs. L'animation de la fête nous poursuivait de son brouhaha rassurant. Mais tout d'un coup, ce fut le silence... et la solitude! Il avait habilement manœuvré pour se retrouver seul avec moi, sans son fils, au bout de ce petit chemin de terre. Trop empêtrée dans ma timidité, je n'y avais vu que du feu.

Tout au fond de moi, une petite cloche sonna « danger »! Mais je n'eus pas le temps d'avoir peur. Je sentis sa chaleur avant même qu'il ne me touche. Il se colla contre mon dos, de tout son long, coiffant mes petits seins de ses mains.

« N'aie pas peur, nous ne faisons rien de mal! »

Mon œil, j'étais sûre du contraire! J'étais pétrifiée de confusion, redoutant de faire quoi que ce soit qui puisse nuire à mon père... mais ce n'était pas la seule raison qui me poussait à rester immobile. Mon corps devenait chaud et moite. Tous mes sens en alerte partaient à la découverte de cet étranger qui se frottait contre moi. Il glissa ses mains sous mon chemisier court, caressa ma peau nue, effleura les petits cheveux fous dans mon cou et lécha le creux de mon épaule.

«Tu as une peau de satin, tu es si jeune... si tendre!»

Sa voix! Changée, rauque et si chaude brusquement... tellement riche de choses que j'ignorais... Son odeur se fit plus précise. Il était doux et expérimenté, me berçant dans ses bras, m'enveloppant de sa voix affolante comme un boa s'enroulant autour de sa proie. Je ne ressentais aucune crainte, accueillant la lumière dorée de cette fin d'après-midi, l'odeur sucrée du chèvrefeuille et l'empreinte inconnue de cet homme caressant mon dos comme autant de révélations. En un éclair, je compris le sens profond du mot plaisir et je pressentis la richesse du partage amoureux. Voilà donc pourquoi les parents nous mettaient en garde: le démon était si tentant!

Cet agréable tripotage, pas innocent du tout, se termina abruptement. Je sortis de ma transe et m'écartai avec brusquerie de ce vieux cochon de l'âge de mon père qui se délectait de ma jeunesse. J'étais outrée! Comment osait-il abuser ainsi de ma naïveté, de mon ignorance et de la confiance de mes parents? De quel droit m'apprenait-il ces choses inconnues qui ne pouvaient exister sans amour? Et moi, qu'est-ce qui me prenait de me laisser faire ainsi.... et D'AIMER ÇA par-dessus le marché? J'avais honte de moi, j'étais furieuse contre lui, prisonnière de sentiments tellement contradictoires que je ne trouvai rien à ajouter. D'ailleurs, était-il besoin d'ajouter quoi que ce soit?

Monsieur Alban me fit un petit clin d'œil complice. Je tournai les talons et me mis à courir comme une possédée pour retrouver la sécurité des autres. Mais le diable m'avait ferrée et à partir de ce jour-là, je n'ai plus jamais regardé les représentants du sexe masculin avec la même innocence.

Francine

CHAPITRE 24

Une Japonaise sous la fenêtre

Devant notre maison, sur le boulevard Brown, il y avait un grand parc. Des allées de petites pierres concassées zébraient ce magnifique boisé, s'étendant sur des centaines de mètres. Les bancs étaient nombreux sous les arbres matures et une haie de rosiers sauvages bordait la clôture du champ de baseball adjacent.

Pour traverser la rue, il fallait avoir atteint l'âge de conduire une bicyclette, c'est-à-dire l'âge de quitter sporadiquement notre ruelle.

Nous prenions un plaisir indescriptible à traverser, à pied ou en patins à roulettes, les flaques d'eau qu'avait formées la pluie dans les sentiers de terre battue.

Nous nous cachions aussi dans les boqueteaux d'arbustes pour nous embrasser ou nous soustraire aux groupes d'Anglais du parc Wilson.

Mais notre sport préféré était sans conteste la chasse aux taons.

Cette activité périlleuse nous apprenait la patience et l'adresse. Armés d'un pot vide et de son couvercle, nous nous alignions devant l'épaisse bordure fleurie pour essayer d'emprisonner le plus grand nombre possible de ces bourdons jaunes que nous appelions, à tort d'ailleurs, des taons.

Le pot ouvert, le couvercle prêt à être rabattu, nous attendions que se pose la bestiole à la recherche de nectar. Des milliers qu'il y en avait!

René et Bruno Roy étaient les champions ramasseurs de taons de tout le boulevard Brown. Ils étaient suivis de Suzanne et Marjolaine Richard qui, un jour, en avaient attrapé trente-six en une seule cueillette.

J'avais décidé de battre leur record.

J'eus à le regretter.

C'était un vendredi de juillet. Suzanne, Marjolaine, Bruno et moi décidâmes de partir à la chasse aux apidés du parc Wilson. Bouteilles de lait au chocolat, sandwiches au beurre d'arachide et à la confiture et pot vide à couvercle perforé, rien ne manquait pour notre safari.

La difficulté n'était pas d'attraper les taons mais de ne pas les laisser s'échapper à mesure que leur nombre augmentait dans le pot.

Même allergique au pollen des fleurs, il ne fallait pas bouger, ni parler et encore moins éternuer. L'insecte se posait sur un pétale parfumé et nous le faisions prisonnier sans autre forme de procès.

Ce jour-là, j'en attrapai cinquante-deux. Six de plus que les frères Roy. Ils acceptèrent leur défaite bon gré mal gré et je repartis en chantonnant sur ma bicyclette rouge, fortement encouragée par mes amies qui voyaient en ma réussite une victoire féministe.

J'apportai donc le pot de bourdonnantes bibittes à la maison afin de les montrer à mes parents.

Ma mère me félicita avec une moue évidente et accepta que j'attende l'arrivée de mon père avant de me débarrasser de mes cinquante-deux trophées de chasse.

Papa arriva vers vingt heures alors que ma copine Suzanne et moi, assises en pyjama sur la galerie d'en avant, étions en train de jaser avec la voisine de palier. Il nous avait apporté des *popsicles*. Occupées à sucer ces douceurs glacées, nous ne fîmes pas attention lorsqu'il entra dans la maison. Soudain nous l'entendîmes crier comme un forcené.

Voulant examiner les taons de plus près, il avait ouvert le pot. La sonnerie impromptue du téléphone le lui ayant fait échapper par terre, les pauvres taons gisaient sur le plancher lorsque nous entrâmes, alertées par les hurlements. Abasourdies par leur long séjour dans le pot de mayonnaise, les bestioles trouvèrent bientôt assez d'oxygène pour se remettre à voler. Il y en avait dans toute la maison. Elles volaient en escadrille en bourdonnant comme les flonflons d'une musique inquiétante.

Maman alla emprunter les tue-mouches de nos voisines et nous nous mîmes à frapper dans toutes les directions.

Mon père eut tout à coup une idée.

«Combien en avais-tu, Francine? me dit-il.

— Cinquante-deux... avouai-je avec orgueil.

— Pour être certain de tous les avoir, vous allez les aligner sur la table chacune de votre côté. Celle qui en aura le plus viendra avec moi faire un tour de *machine*.»

Tels des forbans de grandes mers, Suzanne et moi nous battions à coup de *tapettes-à-mouches* contre les taons du parc Wilson.

«Vas-tu en avoir assez pour nous faire un ragoût, ma sa-mère?» dit mon père en apercevant **cinquante et un** taons bien disposés sur la table de la cuisine.

Il en manquait un.

Une angoisse soudaine prit Suzanne. Elle avait peur de la piqûre de ces grosses abeilles (en cinq ans que durèrent nos chasses aux taons, jamais personne ne s'était fait piquer).

Ma mère conclut que l'insecte s'était échappé par la porte ouverte. Sinon je m'étais trompée dans mes calculs.

J'en avais exterminé trente-deux. C'est moi qui remportai le concours mais je refusai la récompense: mes amis m'attendaient pour une balade à vélo.

Vers deux heures du matin, une terrible lamentation déchira le silence de la maison. Le son provenait de la cuisine. Nous accourûmes aussitôt.

Papa, qui avait pris l'habitude de se lever la nuit pour apaiser sa faim, s'était taillé une grosse pointe dans la tarte aux fraises restée sur le comptoir.

En pleine noirceur, il avait enfourné une grosse bouchée et... avait aussi croqué le cinquante-deuxième taon.

Nous l'avons surpris en train de cracher dans l'évier. Le pauvre taon, tel un chasseur-bombardier, mortellement blessé par un coup de prémolaire, se remit sur ses pattes, tournoya un peu, buta contre le robinet, puis s'effondra au fond de l'évier.

Notre réaction fut d'applaudir avant de retourner nous coucher en riant.

«Taisez-vous! Vous allez réveiller les voisins!» nous lança ma mère, que la chasse aux taons répugnait au plus haut point.

L'histoire fit le tour de la rue dès le lendemain.

Papa passa pour un héros et le taon aussi.

Presque tous les jours, mes amis et moi nous rendions au parc Wilson où des moniteurs et des monitrices organisaient des activités intéressantes pour meubler les journées de pluie. J'ai ainsi appris à tricoter, à faire de superbes fleurs de *kleenex* sur des épingles à cheveux, des paniers tressés, des cabanes à oiseaux en bâtons de *popsicle*, et j'ai exercé ma patience à construire le pont Mercier en cure-dents, rien de moins!

L'activité dont je me souviens le mieux était la confection de statuettes en plâtre. Nous commencions par appliquer du latex liquide sur notre bibelot favori – une de ces horreurs qui ornaient le dessus du téléviseur par exemple –, pour pouvoir en obtenir un clône. (Le téléviseur était un mastodonte en bois laqué avec d'immenses portes grinçantes. Une énorme antenne à deux oreilles ornées de tampons à récurer assurait la diffusion de nos émissions préférées. Papa disait toujours, lorsque la réception devenait grincheuse: «Va... va replacer les *bull dogs*[*] avant que je fesse dessus!»)

Ainsi donc, j'avais choisi une petite figurine japonaise qui trônait sur un meuble depuis mon tout jeune âge et qui servait souvent d'obstacle pour tenir ouverte la fenêtre du salon. Je n'arrivais pas à m'expliquer comment une si jolie bricole pouvait être de si basse utilité. Elle portait un chignon traversé par deux aiguilles à tricoter et soutenu par un large peigne en écaille. Son teint enfariné et ses yeux en amandes

[*] marque de tampons de laine d'acier.

lui donnaient un air de soumission tout à fait oriental. Assise sur ses talons, elle s'adonnait à la confection d'un bouquet d'orchidées. Son kimono combinait le noir et un ton vert lime un peu agaçant.

Je n'avais pas entendu ma mère dire à mon père :

« C'te saudite bebelle à ta tante Dolorès ! ... je ne sais pas ce qui me retient de la jeter aux vidanges. Le pire, c'est que ça fait trois fois que les enfants l'échappent à terre pis qu'elle ne se casse même pas, la saudite ! »

Je n'avais pas entendu non plus mon père soupirer :

« C'est le seul souvenir que j'ai de ma marraine. Franchement, Yolande... »

Je suis partie au parc Wilson, l'affreuse Japonaise de ma tante Dolorès sous le bras. Avec la monitrice responsable du bricolage, je travaillai tout l'après-midi à fabriquer le moule, couler le plâtre, démouler et peindre avec une extrême fidélité **quatre** statues orientales pour surprendre mes parents.

« Ils vont être très contents », dis-je à la monitrice.

Bizarrement, elle n'a rien répondu.

Vers seize heures, je ramassai mes chefs-d'œuvre. Une fois à la maison, je pris un air mystérieux pour annoncer le grand dévoilement. Devant toute la famille réunie, je tirai d'un coup sec sur la serviette de plage qui recouvrait les quatre Japonaises.

Aussitôt, mon père mit sa main devant sa bouche. Je le voyais qui retenait un grand éclat de rire en regardant ma mère. Celle-ci, les yeux écarquillés, la bouche ouverte, comme muette de désespoir, allait me dire des méchancetés, j'en étais sûre. Mais ils se mirent plutôt à rire. Moi, ne comprenant rien à ce qui ce passait, je pleurais de rage.

« Ce sont les plus belles laideurs de toute la maison ! » énonça ma mère en s'essuyant les yeux avec son mouchoir brodé.

Papa réservait toujours son opinion lorsqu'elle risquait de nous blesser. Il me dit :

« Francine, tu sais comme tu haïs Nicole Lachambre dans ta classe ? »

J'opinai.

«Alors, imagine que si demain matin, on installe quatre grands portraits d'elle dans ta chambre... tu serais pas contente pantoute... Ta mère, elle, n'aimait pas ma tante Dolorès...»

Il prit un air flapi avant d'ajouter:

«C'est elle qui nous a donné la Japonaise.»

Je compris.

Je saisis les quatre jumelles japonaises puis j'allai les placer sur les chassis de la maison.

«Elles vont tenir les fenêtres pendant l'été, annonçai-je en souriant.

Mon frère Normand, qui ne manquait jamais une bonne occasion de se taire, demanda:

«Pis l'hiver, on va faire quoi avec?»

Au mois de mai suivant, Suzanne, Marjolaine et moi dessinions des jeux de marelle sur l'asphalte du boulevard Brown avec... des morceaux de plâtre japonais.

CHAPITRE 25

La vipère

Nous savions que l'été était arrivé lorsque le balayeur de la place Jaffeux retirait son béret. Ce grand arabe flegmatique qui ne nous adressait jamais la parole faisait partie de notre univers. En toute saison, il poussait son balai avec nonchalance, les yeux absents, fredonnant des mélopées de charmeur de serpent. Nous l'avions surnommé Sidi. Boudiné dans un veston trop court fermé sur un gros pull, ce fils du désert grelottait une bonne partie de l'année. Aussi, lorsque nous apercevions sa tête couverte de petits choux de Bruxelles noirs, c'était le signe infaillible que la belle saison était là.

Sidi possédait une clé magique pour ouvrir l'aqueduc. L'eau bondissait en glouglous joyeux dans les caniveaux tandis qu'il rabattait papiers et poussières vers l'égout. Lorsqu'il avait fini son travail, il partait promener son spleen dans la rue voisine. Parfois, il «oubliait» de fermer l'eau et offrait aux enfants de la Place le cadeau d'une oasis providentielle.

Pour nous qui ne connaissions pas les joies de la piscine, patauger dans le caniveau était une aubaine. Notre plus grand plaisir était de construire des barrages. Gilbert Lemaire chipait des chiffons dans l'atelier de son père et nous entassions dessus tout ce que nous pouvions trouver : graviers, terre, morceaux de briques... Lorsque l'eau commençait à déborder du caniveau pour former une flaque respectable, nous enlevions chaussures et chaussettes, poussant de petits cris en nous éclaboussant comme une volée de moineaux frileux. Nous sortions de là mouillés jusqu'aux cils. Les mères grondaient mais les enfants étaient heureux.

Tu sais sans doute que l'eau potable n'est pas gratuite en France et que la consommation d'eau de chaque foyer est enregistrée sur un compteur. En fin de journée, les adultes se mettaient de la partie. Notre voisin, Monsieur Henri, sortait sa Dauphine du garage et profitait de cette manne liquide – et gratuite – pour bichonner sa vieille bagnole. Il alignait sa bouteille de savon Paic, sa peau de chamois et son grand seau en plastique, puisant l'eau propre à la bouche de l'aqueduc et jetant l'eau usée dans le caniveau. Des processions de grosses bulles irisées voyageaient en cortège le long du trottoir, avalées brusquement par l'égout béant.

Après le dîner, Frédo s'installait en maillot de corps sur un des bancs de la place Jaffeux. Il se roulait plusieurs cigarettes et lisait tranquillement *Le Petit Parisien* en préparant son tiercé du dimanche. Les fenêtres s'ouvraient sur leurs secrets d'hiver. Madame Lenoir chantait avec Gloria Lasso. Les Boucheron étaient branchés sur Europe N° 1. Liline Lemaire cassait les oreilles de tout le monde en martyrisant le piano de sa mère. La chiffonnière sortait une chaise pour prendre le frais et s'installait sur le pas de sa porte en surveil-lant Yoyo, son grand mongol de fils. On se couchait un peu plus tard... on se parlait plus volontiers. La nuit tiède enveloppait avec précaution les frondaisons odorantes des platanes, précisant les relents de cuisine, dévoilant au détour d'une lampe un bout de décor inconnu. Notre quartier s'ins-tallait dans l'été et sous l'éclat de la lune rousse, la poussière des cheminées se changeait en sable d'illusion.

L'été ramenait aussi les expéditions du dimanche au jardin. Rappelle-toi que Gennevilliers possédait de très vastes terrains vagues qui semblaient n'appartenir à personne. Certains d'entre eux avaient été quadrillés en lotissements par des pro-priétaires réels ou imaginaires qui les louaient, sans garantie, à des particuliers. Ils ne manquaient pas de charme, ces petits jardins cultivés. Entourés de haies vives, plantés d'arbres fruitiers qui, malgré la précarité de la situation, avaient eu le temps de grandir, ils offraient à l'œil une variété réjouissante de carrés et de rectangles tracés au cordeau, abritant çà et là des cabanons minuscules, parsemés de vieux lavoirs et autres citernes de fortune pour recueillir l'eau de pluie.

Frédo louait un de ces jardinets. Dès le mois de mars, il partait sur son vieux vélo rouillé et passait tous ses moments de liberté à bêcher, sarcler et semer mille et une graines qu'il prenait un plaisir fou à voir pousser. Cet obscur travail du sol le pacifiait. Au bout de son sarcloir, il retrouvait peut-être ses racines oubliées.

Quand il faisait beau, ma mère et moi allions le rejoindre en autobus, emportant un pique-nique. Louisette aimait cultiver la terre, elle aussi, et ne rechignait pas à manier la binette. Ils cultivaient des légumes, bien sûr, mais Frédo gardait toujours une place pour ses fleurs préférées, bordant les planches de carottes d'un liséré de soucis, entourant le carré de choux d'un anneau d'œillets d'Inde, dissimulant le cabanon derrière une haie de dalhias géants et faisant grimper des pois de senteur à l'assaut de la clôture.

Une petite vie estivale s'organisait dans les jardins et pour beaucoup de gens c'était là les seules vacances qu'ils pouvaient s'offrir. Nous finissions par bien connaître nos voisins de lopins. Une éthique sévère régnait dans ces aires ouvertes et il était très mal vu d'aller chaparder chez les autres. On échangeait un panier de prunes contre un sac de haricots verts. On partageait l'eau qui devenait si précieuse dans les moments de canicule. On se confiait des secrets de culture... des souvenirs de récoltes miraculeuses.

Nos pépiements d'enfants se mêlaient au caquetage des étourneaux. Nous courions à perdre haleine dans les allées herbeuses, gravant nos initiales sur le tronc des arbres chétifs, inventant mers et monde au-dessus des citernes, croquant à pleines dents les tomates tiédies au soleil, traquant les doryphores dorés qui transformaient les plants de pommes de terre en dentelle...

Après le repas de midi, Frédo s'installait dans une vieille chaise longue pour faire la sieste. Louisette s'asseyait sous un arbre avec son raccommodage ou le dernier numéro de *Elle*. Lorsque la lumière de l'après-midi se nimbait de reflets orangés, nous revenions à la maison, les cabas débordant de salades, de poireaux, de radis et de bouquets de persil frisé. Je m'endormais à moitié, soûlée d'air et de soleil, bercée par le rythme du bus, le nez perdu dans un bouquet de cosmos ou de reines-marguerites. Frédo revenait en pédalant en zigzags, la poussière bucolique de notre petit jardin lui ayant asséché le gosier maintes fois durant la journée. Dimanches paisibles de petites gens simples... journées lumineuses dérobées au quotidien morose…

Les grandes vacances arrivaient. Martine partait en Provence dans la famille de sa mère. Penses-y un peu! Deux mois sans la voir, il y avait de quoi pleurer.

Mais je me consolais vite, car moi aussi je partais... en colonie de vacances. Ah ma Francine, les colos! Quels souvenirs extraordinaires j'en garde! Comparée à beaucoup de mes compagnes d'école qui passaient leurs vacances sur les trottoirs de Gennevilliers, j'avais de la chance. Les grandes boîtes comme celle où travaillait Frédo achetaient ou louaient d'immenses propriétés pour accueillir les enfants de leurs employés. La R.A.T.P. possédait une douzaine de colonies, réparties dans toute la France, et je les ai fréquentées assidûment.

Je partais pour de longues périodes: un mois minimum, parfois deux. Les séjours en colo coûtaient une chanson et mes parents m'y envoyaient sans remords de conscience, convaincus qu'il était préférable pour moi de galoper à l'air pur sous la surveillance de moniteurs compétents, plutôt que de m'étioler dans la poussière collante de la place Jaffeux. Ils avaient bien raison.

Le jour du départ, ils m'accompagnaient à la gare. Sur le quai, c'était un concert pathétique de pleurs et de hurlements. Certains enfants s'accrochaient en beuglant à leurs parents. D'autres, les yeux noyés, écoutaient leurs dernières recommandations avec un air d'enterrement. Le directeur de la colo arrivait, faisait l'appel de ses ouailles, répartissait son petit monde par groupes d'âge et, aidé des moniteurs, faisait monter tout le troupeau dans les wagons qui nous étaient réservés. Lorsque le train s'ébranlait, c'était au tour des parents d'avoir la larme à l'œil. Je n'ai jamais eu envie de pleurer à l'idée de quitter mes parents pour quelques semaines (bien au contraire), mais l'ambiance de tragédie grecque qui enveloppait notre départ me rendait muette d'émotion. Le train écrasait notre chagrin de commande et moins d'une demi-heure après le départ, nous chantions à tue-tête tous les refrains hérités des années passées.

L'arrivée à la colonie était toujours une surprise car nous allions rarement deux années de suite au même endroit. Tout était magnifiquement organisé. Dès que les équipes étaient constituées, nous passions à la lingerie pour recevoir notre équipement: shorts et blousons marine, T-shirts de couleur, foulard, chaussettes et espadrilles. Certains parents ne pouvaient réunir un trousseau complet alors l'administration nous fournissait tout le nécessaire. Nous étions tous égaux dans nos accoutrements de vacanciers.

Loin de la place Jaffeux, des beuveries de Frédo et des silences de Louisette, je m'épanouissais en libérant ma gentille malice. Je n'avais aucune difficulté à me couler dans le rythme des journées: toujours prête pour les randonnées, participant avec fièvre aux jeux de piste, pillant les réserves de feuilles à dessin et les boîtes de fusain, engloutissant sans faire de chichis les honnêtes repas qui nous étaient servis, m'improvisant actrice et metteur en scène pour les soirées de feux de camps, changeant même d'identité. Je ne m'ennuyais jamais... sauf durant la sieste que je considérais comme du temps perdu.

Je me souviens très précisément d'une année en Dordogne. La colo était installée dans une grande maison bourgeoise mais nous, les grands de douze ans, nous dormions sous une tente dans un immense pré surplombant une gorge. Tout le monde m'appelait Micky, patronyme étrange – j'en conviens- qui correspondait probablement à l'idée exotique que je me faisais de moi-même.

Les jours de grand soleil, nous allions nous baigner dans la rivière qui serpentait au fond de la gorge. Nous y descendions par un petit chemin de chèvres, entre rochers et bouquets de thym sauvage. Tout en bas, la gorge s'arrondissait sur un bassin d'eau turquoise et une petite plage de graviers blancs où nous jetions nos serviettes. Les monos nous apprenaient à nager dans cette piscine naturelle. La belle Nadège était amoureuse de Michel, le chef moniteur. L'eau était fraîche et après le bain, nous nous étendions sur les graviers tièdes pour soigner notre chair de poule et épier du coin de l'œil les deux tourtereaux qui trouvaient toujours le moyen de s'isoler pour s'embrasser à bouche-que-veux-tu.

C'est en remontant par le chemin des chèvres, un peu avant midi, que je LA vis. Elle se chauffait sur une grande pierre plate, déroulée en ligne à peine ondulée. Elle devait être bien vieille... ou bien malade – je ne sais pas – car les vipères n'ont pas pour habitude de prendre des bains de soleil alors qu'une cavalerie d'enfants fait vibrer le sol tout alentour. Je faillis poser le pied dessus. J'entrai alors dans une sorte de transe meurtrière, isolée de la réalité. Saisissant une pierre, j'assommai le reptile de toutes mes forces, m'acharnant sur sa tête jusqu'à la réduire en bouillie... jusqu'à ce qu'elle ne tienne plus au reste du corps que par une mince languette de peau. (Je parie que tu ne t'attendais pas à ça de moi, hein? J'avoue que je serais bien incapable de refaire la même chose maintenant.)

Les deux moniteurs qui musardaient à la fin de la file en se tenant par la taille remontèrent le chemin en courant lorsqu'ils entendirent les cris dégoûtés de mes coéquipiers. Imagine un peu leur regard médusé lorsqu'ils me virent saisir le serpent massacré par la queue et le balancer à bout de bras pour faire peur aux autres. La vie animait encore la vipère et son corps se tortillait.

Impossible de me faire lâcher prise. Je revins à la colo avec mon serpent grouillant à bout de bras. Le directeur était plutôt embarrassé : devait-il me féliciter pour mon courage ou me gronder pour mon acharnement macabre? Il me convainquit de placer MA vipère dans un bocal afin que je puisse rejoindre les autres au réfectoire. L'histoire s'était répandue comme une traînée de poudre et on me regardait avec un mélange d'admiration et d'horreur.

Après la sieste, je repris possession de mon reptile et passai le reste de la journée à l'exhiber devant les curieux qui voulaient la voir, accordant comme un privilège rare le droit de la toucher. Elle se tortilla jusqu'au soir. Excédé, le directeur de la colo me la confisqua. Il l'enfourna dans un bocal vide qu'il remplit d'alcool à 90° et l'oublia sur une étagère de son bureau. Je m'en fichais pas mal, j'étais devenue une héroïne et pour le reste du séjour, je fus certainement«la fille la plus populaire en ville».

Lorsque j'y repense, je n'ai que de bons souvenirs de ces mois de colo et j'ai bien du mal à comprendre les hésitations des parents qui refusent de se séparer de leurs chérubins pour quelques jours. Je revenais de ces séjours bronzée, les joues pleines, des rouleaux de dessins sous le bras, la tête farcie d'un vibrant répertoire aux accents bolcheviques propres à faire frémir les hordes de bien-pensants qui venaient d'élire le Général de Gaulle à la Présidence de la République.

De retour à l'école, j'enseignais pieusement à Martine les rudiments de ma nouvelle religion, trop heureuse de chanter avec elle l'*Internationale* et la *Tchéka*. Je lui conseillais cependant la prudence, car je savais que ce patriotisme enflammé n'était pas au goût de tous. Mais cette gourde était incapable d'imaginer que des chants aussi nobles et exaltants puissent lui valoir un quelconque reproche. Un beau jour, elle entonna le «chant des partisans» à la table familiale. Son père lui balança deux claques sonores sur le coin du nez et l'envoya se coucher sans dessert. Si elle m'avait écoutée aussi!

Francine

CHAPITRE 26

Le facteur ne sonne
jamais deux fois

Vers la fin des années cinquante, un jour où nous étions, mes camarades de classe et moi, en train de nous familiariser avec le monde rasant des décimales et, alors qu'un silence d'église vint envelopper nos efforts, nous entendîmes un énorme «boum» suivi d'un souffle sourd qui se raréfiait dans son propre écho. Puis nous perçûmes une inquiétante secousse que nous crûmes être un tremblement de terre.

La peur nous fit renouer avec nos pires ennemies. Je sautai au cou de Nicole Lefebvre puis je me pris d'une soudaine amitié pour Carole Bazinet, à qui pourtant, je disputais la première place en classe depuis 1956.

La terreur nous cloua sur place, bloquant les sons dans notre gorge. Notre maîtresse sortit de la classe et se rendit au bureau de madame la directrice en glissant sur le parquet ciré, suivie des plus anxieuses d'entre nous. Nous regardions toutes dehors en direction de la déflagration. Chacune y allait de son interprétation : c'était « Khrouchtchev ». Il en avait assez des Américains qui, après tout, n'habitaient pas très loin, à Plattsburg ; c'était la fin du monde, nous allions mourir loin de nos petites mères avant même d'avoir eu le temps de nous confesser ; c'était notre montagne du chemin Latour devenue un volcan en éruption !

Il fallut au moins dix minutes pour que Mademoiselle Pronovost revienne nous rassurer : une maison complète venait d'exploser. Le souffle avait emporté la toiture, et les murs de brique s'étaient écroulés.

Vivement l'heure du dîner !

Lorsque j'arrivai à la maison, mon père se préparait à se rendre sur les lieux du sinistre où l'attendait mon oncle Philippe, prêt à tout lui raconter : la maison pulvérisée par une explosion de gaz naturel était celle de monsieur **Loiseau** et drôle de coïncidence, elle s'était **envolée** d'un seul coup, toits et fenêtres, portes et balcons, dans un immense fracas ! Or, le concierge de cet immeuble n'était nul autre que l'oncle Philippe.

La suite est restée gravée dans ma mémoire comme dans de la pierre, mais je ne suis pas certaine que tu vas la croire.

Dans cette maison de la rue Bannantyne, au coin de la rue Allard, monsieur Loiseau avait installé ses bureaux de promoteur immobilier au premier étage. Il avait loué le deuxième à un homme récemment divorcé en proie à une profonde dépression. Le pauvre homme avait les idées tellement noires que ce matin-là, vers huit heures, il tourna les clés du gaz, s'engouffra la tête dans le four comme une volaille farcie et attendit là que la mort vînt le délivrer de son angoisse.

Personne n'était encore arrivé à l'étage des bureaux ; personne ne renifla donc l'odeur caractéristique du gaz qui s'échappe dans l'air.

Ainsi, vers neuf heures moins dix, le suicidé reçut – trop tard – une lettre de son ex-femme l'implorant de lui pardonner son changement de pavillon et ses infidèles embardées au large.

Le facteur, un colosse de quatre-vingt-dix kilos, reçut un accueil digne d'un général : quand il appuya sur la sonnette, le courant électrique produisit des étincelles qui activèrent le gaz. La déflagration transporta le postillon d'un seul coup, sur les marches du restaurant *Chez Alex* à un coin de rue de là, de l'autre côté de la rue Bannantyne ! (Je te l'avais bien dit...). Les habitués du restaurant en sont restés les yeux écarquillés comme s'ils avaient aperçu un extra-terrestre. C'était presque ça : ils venaient de recevoir de la Poste canadienne, par la voie des airs, le plus gros colis imaginable : un postillon tout de bleu vêtu qui, durant son impétueux voyage, n'avait même pas perdu sa casquette. L'homme-canon du Cirque des Shriner's venu en personne leur souhaiter le bonjour ! Un pauvre type catapulté à quelques dizaines de mètres par une belle matinée ensoleillée.

Il n'était pas blessé, mais plutôt surpris de se trouver là et en perdit la voix pour quelques heures.

En s'écroulant, les murs de la maison écrasèrent la Chevrolet de l'oncle Philippe. La *Federated Insurances* envoya son meilleur enquêteur afin de régler l'affaire. Malheureusement pour mon oncle, cet étrange *act of God* ne lui donna droit à aucune indemnisation et il se retrouva sans voiture, lui qui depuis vingt ans occupait deux emplois à la fois pour arriver à faire vivre... et à véhiculer ses quatre enfants.

Quant au suicidé, on en retrouva bien quelques morceaux impossibles à identifier que l'on remit à sa veuve éplorée, accompagnés de la lettre fatidique.

Cette histoire circula à Verdun pendant très longtemps, prenant parfois des proportions gigantesques. L'épisode du voyage astral du facteur laissait beaucoup de gens sceptiques. Ma mère et moi étions de ceux-là et nous ne pouvions nous empêcher de nous tordre de rire lorsque notre père racontait cette histoire abracadabrante !

Nous dûmes finalement nous rendre à l'évidence.

À Ville Lasalle, quelques années plus tard, une puissante explosion fit sauter tout un pâté de maisons sur la rue des Oblats. C'était des HLM bâtis sur un marécage et dont les fondations, pour cette raison, avaient été creusées plus profondément qu'à l'accoutumée. Malgré ces précautions, il s'était formé entre ces dernières et le plancher de la cave un espace vide dans lequel les tuyaux de plomberie et de gaz, étaient exposés aux effets des gels et dégels successifs. Ce qui finit par causer une rupture dans le tuyau du gaz.

En quelques minutes, le dessous de l'édifice se remplit de gaz formant une bombe prête à exploser et... au moment où une dame alla **sonner** chez sa voisine pour lui emprunter une tasse de lait, le phénomène se répéta. Les portes de l'appartement s'arrachèrent et la pauvre femme reçut un souffle déflagrant qui la propulsa dehors par la fenêtre béante de la cuisine du deuxième étage! Cette fois-là, l'accident fit beaucoup de morts et de blessés. De nombreux petits enfants ne trouvèrent plus la maison à leur retour de l'école et plusieurs ne revirent plus jamais leur mère.

Dans un geste de collaboration inégalé jusque-là, Verdun et Ville Lasalle se mirent alors en branle. Les guides et les scouts, les écoles primaires et secondaires, les magasins à rayons et le poste CKVL, par l'entremise de son animateur vedette de l'époque, Frenchie Jarreau, commencèrent à amasser de la nourriture, des vêtements et de l'argent afin d'aider les familles de la désormais célèbre rue des Oblats.

Le poste de radio de la rue Gordon récolta tant d'argent qu'on créa une fondation destinée à venir en aide aux victimes d'incendies ou de cataclysmes pires encore!

Je fis mes plates excuses à papa pour avoir ainsi douté de lui.

Maman, quant à elle, a entendu tellement de bonnes histoires qu'elle ne croit toujours pas celle du facteur propulsé devant un café chaud au bar d'Alex Patenaude.

N'empêche qu'elle ne se couchait jamais sans vérifier le pilote de la cuisinière et renifler l'air de la maison. Dès que les cuisinières électriques firent leur apparition, elle vendit son appareil au gaz et fit aussi changer... la sonnette de l'entrée. Au cas où.

Angèle

CHAPITRE 27

L'incendie du casino

Ma parole, tu as sûrement dû être marseillaise dans une autre vie! Pagnol se serait délecté d'une anecdote pareille, mais moi, comment veux-tu que je gobe ton histoire de postillon volant catapulté «à plusieurs dizaines de mètres» de la sonnette maléfique «sans perdre sa casquette» jusqu'au troquet providentiel accueillant son vol plané d'une bonne tasse de café. Tu n'exagères pas un brin?

Une telle situation est-elle prévue dans la convention collective des facteurs de Postes Canada? À défaut des ailes, cette mésaventure aurait de quoi couper le sifflet à n'importe quel enragé du colportage et je comprends que ton bonhomme en ait perdu la voix. Mais permets-moi cependant de rejoindre le troupeau des sceptiques au sourire en coin qui ont eu le don de faire enrager ton cher père.

Ne voulant pas être en reste, j'ai moi aussi assisté à une catastrophe d'envergure citadine dont j'ai gardé un souvenir de feu d'artifice tragique.

Les années qui me voyaient grandir en taille attisaient aussi ma révolte. Frédo buvait de plus en plus et sa jalousie démentielle s'était sournoisement transférée sur moi. Des engueulades sans fin surgissaient au moindre prétexte: le sifflet d'un garçon dans la rue, une jupe un peu courte, un petit retard en revenant de l'école... tout lui était bon. Il essayait de faire le vide autour de moi et tu penses bien que je me rebellais avec vigueur. Renoncer à voir Martine, jamais! Ma résistance l'enrageait et le climat devenait infernal dans la maison. Pour moi, c'était une lutte continuelle qu'il n'était pas question de perdre.

Ma mère était complètement dépassée par la situation. Tant que les corridas s'adressaient à elle en exclusivité, elle pouvait faire semblant de les ignorer mais le jour où j'en devins l'objet, elle fut incapable de prendre parti. Coincée entre son mari et sa fille, entre la reconnaissance qu'elle pensait devoir à l'un et la protection qu'elle ne donnait pas à l'autre, elle s'effondra. Au paroxysme de nos chicanes, elle se mettait à étouffer brusquement. L'air passait en sifflant dans ses poumons et ses yeux affolés roulaient dans tous les sens. Elle devenait cireuse et marchait comme une automate jusqu'à son lit, s'y réfugiant pour de longues heures de souffrance, le torse soutenu par quatre oreillers.

Elle avait trouvé le moyen infaillible de nous clore le bec. Frédo quittait la maison en claquant la porte, s'arrêtant au bistrot du coin pour téléphoner au médecin, avant de disparaître pour deux ou trois jours, le temps que les choses se tassent. À chaque fois, j'étais submergée de culpabilité et je galopais jusqu'à la pharmacie pour quérir les médicaments nécessaires à ma mère, faisant de mon mieux pour la soulager. J'ai gardé de cette époque une horreur viscérale de la maladie.

Le docteur Ducaux finit par énoncer un sombre verdict: asthme, emphysème, allergies, bronchite chronique... ma mère avait besoin de soins prolongés. Entre autres traitements, il lui recommanda de faire chaque année une cure thermale au Mont-Dore. Nous sommes donc allés plusieurs années de suite dans cette jolie petite ville d'Auvergne, encaissée au fond d'une vallée, dont les sources sulfureuses sont reconnues pour leurs effets thérapeutiques sur les maladies pulmonaires, depuis l'époque des Romains. Toute l'économie de la ville gravitait alors autour des Thermes. Les cures avaient lieu de juin à septembre et le reste de l'année, la petite bourgade était plongée dans un coma profond.

Les Nords-Américains ont une vision assez romantique des «spas» et autres «maisons de santé» destinés à relaxer les énervés, à requinquer les apathiques ou à raboter les contours des boulimiques. Sur fond de musique douce, les patients macèrent dans des bains de boue parfumée avant de se faire masser aux huiles essentielles par de charmantes jeunes femmes en blouse rose, dans un décor de verrières ouvertes sur la nature sauvage. (Et ne me dis pas le contraire, j'ai essayé!) Impossible de transposer ce tableau idyllique en Europe. Dans mon vieux pays, une cure thermale n'a rien d'une partie de plaisir et il faut y consacrer toute son énergie.

La journée des curistes commençait à six heures du matin. Emmitouflée dans un survêtement de laine blanche épaisse qu'elle louait dans une boutique spécialisée, Louisette se rendait à l'Établissement thermal, rejoignant la cohorte des pères Noëls blancs qui descendaient des quatre coins de la ville. Pour se mettre en appétit, elle ingurgitait un grand gobelet d'eau chaude sulfureuse, sortie droit des entrailles de la terre en bouillonnant à 75 °C. Ensuite, elle rejoignait SON infirmier qui lui détaillait le menu des réjouissances: douches chaudes et froides en alternance, massages, exercices divers, gymnastique, macération prolongée dans une eau aux relents d'œufs pourris... Le supplice durait jusqu'à 11 heures 30. Pas moyen de se défiler si on voulait être remboursé par la Sécurité sociale. Les infirmiers étaient des colosses dans le genre de ton postier volant et leurs massages énergiques brassaient fortement les vieilles douleurs tapies dans les muscles et les artères.

Ma mère revenait moulue de ces séances et se couchait une heure ou deux pour récupérer. Le reste de la journée était libre. Seule obligation: revenir à l'Établissement thermal avant la fermeture pour se taper un autre gobelet d'eau pétillante. Trois semaines de ce traitement et plus personne n'avait la force de tomber malade. L'amélioration était garantie!

Nous n'allions pas à l'hôtel, c'était trop cher! Nous campions dans un logement d'une seule pièce, habité de meubles bancals. Je dormais sur un lit de camp trop court, près d'une fenêtre sans rideaux, les pieds recroquevillés sous la table. Pendant les séjours au Mont-Dore, nous observions une trêve. Louisette était si fatiguée et si vulnérable dans son habit de curiste que Frédo mettait de l'eau dans son vin... dans tous les sens du terme.

Je m'ennuyais ferme. Comme nous n'avions pas de voiture, les excursions intéressantes étaient hors de portée et à part quelques promenades à pied dont nous faisions vite le tour, il n'y avait strictement rien à faire dans ce trou perdu. Il pleuvait souvent. Les montagnes arrondies égaraient leurs sommets dans des masses de nuages blancs. La moindre éclaircie était fragile, oubliant des lambeaux de brume aux versants des pics. Il flottait sur la ville une odeur d'humidité tenace qui perdurait les jours de grand soleil. On tuait le temps comme on pouvait. On comparait les broderies et les poteries artisanales dans les vitrines des trappes à touristes. Les jours de marché public, on s'initiait aux différents degrés de maturité du Saint-Nectaire et on comparait les prix de la bouffe à ceux de Paris.... J'aurais donné mon meilleur bulletin scolaire pour me retrouver ailleurs !

On n'était pas là pour rigoler, c'était évident ! Notre vie était réglée sur l'emploi du temps de Louisette et il fallait faire silence lorsqu'elle se reposait. Je lisais jusqu'à l'abrutissement, je brodais, je crochetais, je tricotais, je devenais la championne des soupes au poireau et des quiches... En fin d'après-midi, notre vie s'animait un peu. Nous descendions en famille jusqu'aux Thermes pour l'incontournable verre d'eau. Ma mère sirotait son gobelet avec des petites mines distinguées, nous encourageant fortement à l'imiter. Des clous ! Cette potion soi-disant magique était proprement imbuvable.

Après la dégustation, nous descendions jusqu'au jardin public du Casino. Lorsqu'il faisait beau, un orphéon y jouait des airs populaires dans un kiosque en dentelle de fer forgé. Nous nous installions sur des chaises qu'il fallait louer, près des grands massifs de fleurs multicolores. Louisette écoutait le concert avec ravissement. Frédo lisait son journal et critiquait en connaisseur les musiciens. Je faisais semblant de broder en regardant passer les gens.

Au fond du jardin, la masse blanche du Casino s'animait. Un jour, j'avais réussi à m'y glisser sans être vue, traversant le hall désert jusqu'au seuil d'une immense salle sombre où des tables vertes n'attendaient que l'illusion des lampes pour reprendre vie. Nous quittions le parc lorsque les réverbères s'allumaient. La grande terrasse du Casino se peuplait d'élégants qui venaient y dîner. Nous croisions des messieurs en cravate sombre, donnant le bras à des femmes parfumées, au décolleté éclairé de perles. J'aurais bien voulu me faufiler dans les coulisses de ce lieu aux délices inconnues dont les fenêtres vibraient au rythme des rideaux de velours cramoisi. Mais cette séduisante illusion m'était interdite. Nous remontions lentement vers notre petit logement, achetant en chemin une baguette de pain chaude, bouclant la porte sur nos rêves. Pas de télé, pas de radio... je te jure qu'on se couchait tôt.

C'est dans cette atmosphère alanguie que toutes les sirènes de la ville réveillèrent brusquement les curistes engourdis dans leur sieste, causant une commotion générale. Le Casino brûlait! Par un bel après-midi, en plein mois de juillet, l'année de mes quatorze ans, le Casino blanc, témoin d'un autre monde, était en flammes! La population de la ville se rua au grand complet sur les lieux du sinistre. Les camions de pompiers arrivaient de toutes parts, la mairie ayant demandé des renforts aux villes voisines. Les gendarmes débordés essayaient d'établir un cordon de sécurité. On évacuait les boutiques et les maisons dans le périmètre dangereux. Les curieux se piétinaient dans les petites rues étroites. Les employés des Thermes, reconnaissables à leur uniforme blanc, étaient tous là, eux aussi, pour ne rien manquer du spectacle.

Au début, nous ne vîmes pas grand-chose. Une épaisse colonne de fumée verdâtre tourbillonna un bon moment au-dessus du Casino. On entendait l'étrange sifflement d'un dragon en colère, mêlé aux appels des hommes en ciré qui déroulaient les lances à eau. Soudain, dans une dégringolade de cristal, la verrière du Casino explosa. L'incendie puisa son souffle dans l'oxygène ainsi dégagé et de grandes langues orangées commencèrent à lécher les murs avec un grondement vorace. Le bâtiment blanc se transforma en mirage. La chaleur dégagée par le feu brouilla ses contours. De longs pinceaux sombres souillèrent les murs crépis. Le Casino vivait sa dernière apothéose, couronné de pourpre et de suie, dans les vestiges de sa blancheur passée.

Brusquement, le vent se leva et la chaleur devint intolérable dans les petites rues où la foule consternée s'entassait. Le service d'ordre nous repoussa sans ménagement. Une fumée âcre nous arriva en rafales, mouillant nos yeux d'une raison valable. La masse des curieux reflua vers les contreforts des montagnes qui nous offraient une vision panoramique et sans danger du désastre.

Frédo et moi grimpâmes jusqu'au chemin du Melchi-Rose. Il n'y avait plus rien à faire, le feu était incontrôlable et se déchaînait. Les pompiers tournèrent leurs lances vers les maisons les plus proches dont les vitres éclataient sous la chaleur et dont les murs commençaient à noircir. Le soir tomba mais les étoiles étaient éclipsées par des gerbes d'étincelles qui triomphaient dans le ciel dès qu'une poutre rendait l'âme. Les murs tombèrent l'un après l'autre dans une débauche de tisons ardents. Grelottant d'émotion sous nos gros gilets, nous regardions sans rien dire cet affligeant et grandiose spectacle. Personne ne dormit beaucoup cette nuit-là !

Le lendemain matin, le Casino brûlait toujours mais les flammes se nourrissaient de miettes. La charpente calcinée ressemblait à quelque monstrueux insecte aux pattes enchevêtrées. Les commentaires allaient bon train et on se perdait en hypothèses sur les origines de la catastrophe. Court-circuit, imprudence, revanche d'un joueur ruiné... a-t-on jamais su ?

Le paradis des flambeurs avait flambé... jusqu'à sa dernière mise !

Francine

CHAPITRE 28

La tête forte

Arriva la pénible époque de l'adolescence et sa horde de contradictions. Je n'y échappai guère, comme tu pourras le constater.

Je n'étais pas ce qu'on appelle une élève difficile. Du moins, pas selon les normes actuelles. Mais, dans les années soixante, chez les religieuses de la congrégation Notre-Dame, les choses ne se passaient pas comme aujourd'hui! Je n'étais pas particulièrement populaire dans ma classe et, manque de pot, mon piètre rendement scolaire faisait que je ne l'étais pas auprès de mes institutrices non plus! Mais je conservais mon sens inné de l'humour, un trait qui, selon toi, fait que l'on s'attache à ma personne.

Grâce à ma seule créativité, je suis arrivée en effet à me tailler une place enviable à l'école. Par exemple, lorsqu'au cinéma du premier vendredi du mois, le projecteur tombait en panne dans la grande salle, Mère Sainte-Juliette me demandait de chanter *La vache aux grands yeux bleus*. Cette prestation m'a immortalisée dans la mémoire de mes compagnes de l'époque.

Comme j'avais une opinion sur tous les sujets et que j'y tenais mordicus au milieu des pires controverses, j'avais acquis une réputation de «tête forte» chez mes titulaires. Pour ne pas être la seule «grande gueule», je m'associai à deux autres élèves qui avaient, elles aussi, un sens indéniable de la répartie. À nous trois, nous pouvions tenir un long siège. Nous avions également assez de poids pour entraîner le reste de nos camarades, dont les filasses sans caractère, dans une grève ou une réforme systématique des règlements de l'école. Nous ne le fîmes point, cependant.

Cette année-là, Mère Sainte-Juliette nous enseignait la géométrie. Cette succession de lignes à tirer, d'angles à calculer ou de cercles à analyser ne me semblait d'aucune utilité. Je détestais ce cours. Personne ne pouvait m'expliquer pourquoi il fallait dessiner une parallèle au segment A'B'; je ne comprenais même pas ce qu'elle avait à faire dans l'histoire. Parce qu'il y avait toujours une histoire pour rendre l'énoncé du problème plus concret. «La chambre de Martin mesure de 12 pieds de longueur par 14 pieds 5 pouces de largeur. Il a l'intention d'y installer un meuble de 4 pieds 7 pouces de longueur et une lampe rotative arrivée de Paris dans une boîte de 24 pouces cubes. Calcule la grosseur de l'ampoule et inscris la portion qu'elle occupe dans l'aire de la chambre de Martin.» Et pourquoi pas l'âge du pauvre type, tant qu'à faire!

J'eus 32 % dans mon bulletin de mars.

À la suggestion insistante de mon institutrice, ma mère embaucha un professeur de mathématiques pour me donner des leçons privées à la maison. Monsieur Bulova était jeune et d'une rare beauté. Je lui aurais ajouté n'importe quelle parallèle où il aurait fallu pour admirer encore et encore ses yeux d'azur, ses dents parfaites, et entendre son accent français qui tanguait à mes oreilles comme une barque sur la Seine.

Pour ne pas me laisser seule avec lui, ma mère offrit à Claire Valiquette, aussi poche que moi en conception géométrique, d'assister aux leçons de monsieur Bulova en partageant, bien entendu, le coût de ses gages.

En élèves motivées, Claire et moi finîmes par accepter d'exécuter les formules mathématiques sans essayer de les comprendre.

Un soir d'avril, monsieur Bulova nous enseigna le problème n⁰ 10 du chapitre 8.

Après d'ultimes efforts, ma compagne et moi avions fini par le comprendre. La solution arriva, claire et correcte, après deux ou trois coups de compas et de multiples tracés au rapporteur d'angles.

Le lendemain, en classe, Mère Sainte-Juliette entreprit de nous expliquer le problème n° 10 en question.

À la troisième étape de la résolution du problème, l'institutrice flancha. Panne de courant! Elle s'était emmêlée dans son charabia cinématique, s'était coincée entre deux parallèles euclidiennes. Son aire prit du volume et avant qu'elle n'explosât, je vins à sa rescousse.

«Mère, il faut prolonger la perpendiculaire CD et ajouter la valeur de l'angle...

Je dus m'interrompre.

Le regard de Mère Sainte-Juliette venait de s'enflammer. Ses sourcils écrasaient ses yeux saillants au point de la rendre totalement méconnaissable.

Sa bouche se prépara à la réplique et ses mains fines se contorsionnèrent jusqu'à craquer sous la pression. Elle lança sa craie blanche qui se fracassa sur le tableau vert barbouillé des lignes incertaines qu'elle avait tracées. Elle s'empara de la brosse à effacer et écrasa sur le tableau des dizaines d'empreintes blanches dans un grand nuage de poussière. Elle tapait du pied et toute la quincaillerie qu'elle transportait sous ses jupes (ciseaux, poinçon, agrafeuse, décapsuleur, peigne et chapelet) tinta avec entrain.

Il n'y avait pas de doute, Mère Sainte-Juliette faisait une crise de nerfs. Et j'en étais la cause. Elle finit pas crier:

«Francine Allard! FRANCINE ALLARD! Vous qui n'avez que 32 % dans votre bulletin en géométrie, vous venez me dire comment résoudre un problème?!»

Timidement (oui,oui), je lui répondis:

«Je l'ai fait hier soir... je... je... l'ai compris celui-là...»

Dans un silence de monastère en plein carême, elle quitta brusquement la classe.

Mes compagnes me consolèrent en traitant la religieuse de «vieille pie à cornette» et m'encouragèrent à lui tenir tête. Jamais personne ne s'y était jamais risqué.

Tout un contrat!

Mère Sainte-Juliette interrompit nos chuchotements en revenant subitement dans le froufroutement de ses jupes noires, la tête haute et la figure blanche. Elle était suivie de la directrice de l'école et de Mère Sainte-Berthe-de-la-Charité, toutes trois armées de commentaires acerbes préparés d'avance. Elles se mirent à parler chacune leur tour comme si elles lisaient un scénario.

« Mesdemoiselles ! Des comportements semblables à celui d'aujourd'hui sont totalement inacceptables dans une école comme la nôtre. Quand on est pire que tout en géométrie, on ne se permet pas de dire à son professeur comment solutionner un problème. Cela est le fait d'une tête forte ! déclara notre directrice.

— Parlant de têtes fortes, il y en a plusieurs dans cette classe. Nicole Tremblay, Lucie Gauvreau et Francine Allard, levez-vous ! » s'écria Mère Sainte-Berthe.

En nous levant, nous gardâmes les yeux rivés sur le bout de nos souliers. Pas question de soutenir le regard des religieuses, plantées toutes les trois devant la classe comme des sentinelles enragées.

« Vous êtes de mauvais exemples pour vos compagnes. Vos résultats scolaires en disent long sur votre intelligence. Vos mamans vont avoir beaucoup de peine, j'en suis certaine », conclut notre professeur de géométrie, si droite que nous aurions facilement réussi à calculer l'angle qu'elle formait avec le parquet ciré.

Nos mamans ! L'ultime châtiment !

Ma mère arriva à l'école vers seize heures trente. Elle me vit mais ne me sourit pas.

Elle avait mis son manteau de tweed vert eider et tenait son petit sac noir près de sa poitrine, là où se manifestaient toujours les tensions et où se brassaient ses émotions.

Mère Sainte-Juliette la reçut dans la classe, seule. Je dus attendre dehors. Mesdames Tremblay et Gauvreau attendaient leur tour en jetant sur leurs filles des regards accusateurs.

Tout à coup, j'entendis maman éclater en sanglots. Je n'allais tout de même pas laisser mon institutrice accuser ma pauvre mère. J'entrai dans la classe sans y être invitée.

« Mère, laissez-la tranquille ! »

La Sœur, indignée, se leva et quitta la pièce en pleurant elle aussi. Elle n'eut pas le courage de rencontrer les deux autres mères.

« Si elle a une maladie de nerfs, qu'elle arrête d'enseigner ! » prononça maman, la tête haute.

Nous repartîmes chez nous dans un grand silence douloureux.

Mère Sainte-Juliette prit quelques semaines de repos puis changea de matière avec notre professeur de français. La géométrie n'était pas bonne pour son système nerveux, a-t-on appris.

Je fis tout pour réintégrer ma place dans le cœur de Mère Sainte-Juliette.

Un jour de grande inspiration dans le cours de français, j'écrivis ceci :

« *Les oiseaux arrivent à grande envolée et viennent se poser sur les bras tendus et dénudés des arbres géants. Ils n'ont pas peur. La terre transpire et sue à grosses gouttes. C'est enfin le printemps ! Chez Henri, venant de la montagne, une joyeuse cascade se déroule avec fracas dans les herbes hautes et sèches et vient se répandre à mes pieds dans le ruisseau qui s'est formé dans le fossé. Une si petite chute (une vingtaine de pouces) qui fait tant de bruit, pensai-je. Je n'entends que son grondement enjoué. Pas de voitures, pas de chien qui jappe ; même les grives se sont tues pour ne pas déranger mes rêveries.*

*Le beau temps s'est fait attendre cette année. Deux bonnes tempêtes de neige en avril. Soixante-dix degrés le 16... et moins zéro le 17 ! C'est la danse des vêtements légers et des tricots de laine, mais c'est ainsi au Québec. Et c'est bien ! Après six mois de neige, le vert des pelouses et les teintes contrastantes des crocus sont plus appréciés. Je n'aimerais pas vivre dans un pays où les saisons se succèdent dans une longue monotonie. Pas surprenant qu'ici, le premier sujet de conversation soit le temps qu'il fait. Nous dépendons tellement de lui. En mars, au temps des sucres, après avoir bien profité de la neige, c'est souvent la déprime. On commence à regarder les catalogues de semences. Le jardin ressemble à **un grand mille-feuilles avec ses plaques de neige fondue...** »*

Là, Mère Sainte-Juliette sourit. Elle inscrivit en rouge dans la marge : « belle métaphore ». Je lui souris moi aussi en essayant de déchiffrer son air un peu détaché. J'espérais que ma composition française lui plaise car j'avais, pour la première fois, suivi à la lettre les indications de *La Narration*. Avec elle, nous ne savions jamais si elle aimait ou non. Toujours ce mouvement de la lèvre inférieure qu'elle mordillait en même temps que ses yeux sautaient d'une ligne à l'autre.

Tantôt, elle réprimait une envie de bâiller dans une contorsion presque comique de la bouche tout entière et un plissement du nez très discret. Des gouttes d'eau perlaient alors sur ses petits cils courts. Tantôt, elle tripotait sa longue cornette en forme de barbiche comme un grand-père qui caresse sa barbe dans un moment de réflexion. C'était pareil chaque fois qu'elle lisait une composition pendant notre période d'étude. Je commençais à être inquiète.

« *Un matin, c'est l'espoir. On respire l'air adouci, imprégné d'odeurs bizarres qui, en d'autres temps, nous sembleraient désagréables...comme celles d'un malade alité pendant six longs mois.* »

Mère Sainte-Juliette me regarda par-dessus ses lunettes et émit un petit grognement qui me laissa perplexe. Une grosse faute d'orthographe sans doute...

« *Mais, qu'importe. C'est l'odeur du printemps ! C'est tout à coup, un bon matin, le croassement de quelques corneilles. C'est la lumière qui pénètre timidement les fenêtres poussiéreuses dès sept heures du matin.* »

Mère Sainte-Juliette déposa mon texte sur son bureau et, s'adressant à la classe, elle dit :

« Mesdemoiselles, veuillez ranger votre livre de grammaire. La cloche va sonner dans quelques instants. J'ai quelque chose à vous lire au retour de la récréation. »

Je savais que je n'en saurais pas plus pour l'instant. Je dus attendre la fin de la pause.

Nous détestions cette période d'oxygénation. Prendre l'air, croyions-nous, n'était plus essentiel à notre âge. Nous ne jouions plus à la corde. Plus de *bolo*, plus de *yoyo*, plus d'élastique ni de quatre coins. Nous étions grandes. Mais les sœurs ne voulaient pas nous garder à l'intérieur. Sauf les chouchoux à qui elles demandaient de corriger des travaux d'élèves ou de laver les tableaux. Je n'étais pas de celles-là, je te le répète. Ce jour-là, j'avais peur que Mère Sainte-Juliette veuille s'amuser à mes dépens en lisant ma rédaction devant toutes mes compagnes.

Elle aimait lire des travaux médiocres devant toute la classe pour donner une leçon à leurs auteures. Je sentais qu'elle me ferait payer toute l'année pour l'incident du problème de géométrie.

La cornette des sœurs de la congrégation Notre-Dame se terminait en petit pignon au-dessus du front. La tête et le tour du visage étaient cerclés de tissu empesé se terminant par un long bâtonnet blanc retenu par une épingle droite souvent indiscrète. Ces religieuses passaient des heures à repasser, empeser et plier cet accoutrement qui attisait notre curiosité. Nous nous amusions souvent à essayer d'imaginer les cheveux qui s'y cachaient.

Dans nos rêves, nous pouvions voir Mère Sainte-Juliette dans sa grande jaquette blanche, ses longs cheveux châtains (il s'en échappait quelques-uns de la coiffe) flottant sur ses épaules.

Après la récréation, notre professeur prit le temps de jaser près de la porte. Elle nous avait promis de nous lire un texte et c'est sans grande subtilité que je le lui rappelai. J'avais très peur qu'elle se moque de moi, mais j'avais surtout hâte que ça finisse. Elle attendit d'obtenir le silence. Puis elle m'appela à son pupitre.

«C'est bien vous, Francine, qui avez composé ça? dit-elle en appuyant son index sur le titre de ma composition. Je veux dire... votre mère ne vous a pas aidée? Vous... vous n'avez pas copié dans un livre, j'espère!»

Je ne comprenais pas. Si j'avais pu deviner ses sentiments (aimait-elle, détestait-elle mon texte?), j'aurais pu ajuster ma réponse. Mais je n'eus pas le temps de réagir qu'elle se leva et dit:

«J'ai ici l'exemple, mesdemoiselles, d'une composition française comme nous devrions en lire toutes les semaines. Et imaginez-vous que c'est Francine Allard qui l'a écrite! Voulez-vous que je vous la lise?»

Après un petit silence jaloux, toutes mes compagnes, dans un élan sceptique, s'écrièrent:

— Oui, Mère... oui, Mère!

Elle procéda à la lecture de ma composition avec un grand intérêt mêlé d'étonnement. On aurait pu entendre quelqu'un se gratter et même battre mon cœur gonflé d'orgueil. Enfin, j'avais trouvé le moyen de gagner le respect de mon professeur et surtout celui de mes compagnes de classe. Je ne valais pas grand-chose en version latine, j'étais une nullité en thème et un véritable scandale en géométrie. Sur mon bulletin, j'oscillais entre la 23e et la dernière place. Mais, en français, mes notes étaient relevées par la qualité de mes rédactions. Si j'arrivais à intéresser la lectrice, je trouvais difficile de me conformer aux exigences de *La Narration* qui portaient sur les effets de style. Ceux-ci, hélas, entravaient mon inspiration.

Mais la conseillère en orientation de l'école Margarita m'avait tout de même encouragée à continuer mon cours classique, lequel garantissait à mes yeux la réussite sociale. J'envisageais d'un très mauvais œil de «descendre» au cours scientifique et le cours «général» ne formait que des secrétaires et des *waitress*, avait juré ma mère.

J'avais trouvé ma voie. Je serais écrivain, j'en fus dès lors persuadée. Et je resterais une «tête forte» pour toujours.

Ainsi, tant bien que mal, je fis ma Syntaxe en composant avec les difficultés du latin, des mathématiques, de la préhistoire de même qu'avec les conflits intérieurs de l'adolescence. Troublant mélange dont une bonne sorcière aurait tiré un poison mortel! Les religieuses de mon enfance oubliaient que nous étions des adolescentes en pleine crise d'identité... mais nous oubliions, mes compagnes et moi, que nos professeurs vivaient elles aussi une crise: celle de la religion catholique.

Angèle

CHAPITRE 29

La grève

J'ai promis de te raconter quelques-uns de mes plus délectables méfaits et c'est avec un certain sourire que je m'aventure dans cette narration électrisante.

Martine et moi avions un gros problème chronique : les sous. Nous ne recevions pas d'argent de poche... ou si peu. La petite boutique de bonbons en face de l'école était une tentation constante et regorgeait de friandises d'autant plus désirables qu'elles étaient rarement à la portée des quelques centimes que nous enfermions dans un nœud de mouchoir.

Il y avait des roudoudous coulés dans des coquillages... des petites boîtes de poudre de coco que l'on pouvait, au choix, délayer dans de l'eau ou lécher à cru en grimaçant... d'inoubliables Carambars collants... des tablettes de chocolat Meunier aux noisettes rondes... des spirales de réglisse noire enroulées sur une bille de bonbon... des « œufs » durs comme pierre qui changeaient de couleur quand on les suçait... des guimauves poussiéreuses que nous étirions de nos doigts sales... des « chwimgoms » dont nous collectionnions les emballages illustrés... des bâtons de zan dont il nous fallait mâchouiller la pulpe fibreuse des heures de temps avant de la cracher par terre (très élégant, je te jure !)... Personnellement, j'avais une passion pour une certaine poudre blanche affreusement acidulée (pas celle que tu crois !) qui était vendue dans des petits sacs de papier, fermés sur un tuyau de réglisse... Admirables bonbonnasseries destinées à faire le bonheur des gamins... et la fortune des dentistes.

Que faire pour avoir des sous ? Les gagner, cette blague ! Plus facile à dire qu'à faire ! Le babysitting n'existait pas encore. Je doute d'ailleurs que nos parents aient accepté de nous laisser « garder » chez des inconnus. Les lois étaient strictes et défendaient aux commerçants d'employer des jeunes de moins de quatorze ans, même pour des petits jobs faciles. Quant à nos parents, ils ne considéraient pas que l'effort de faire notre lit ou de sortir la poubelle méritait un salaire.

J'eus une idée de génie : nous allions ouvrir un petit commerce de boutons. Ma mère possédait un grand bocal plein de reliques de vêtements anciens. Je pouvais bien lui en barboter quelques-uns sans qu'elle s'en aperçoive. Idem pour ma copine. Nous choisîmes les plus beaux : les fleuris, les nacrés, les transparents, les veloutés... astiquant comme des bijoux les quelques boutons de cuivre frappés d'une ancre marine, rescapés de blazers masculins naufragés. Après quelques « emprunts » dans les trésors maternels, notre collection prit forme mais ce n'était pas encore suffisant pour nous lancer dans le négoce.

J'eus une autre idée à 100 watts. Je m'arrangeai pour me faire mettre à la porte durant la classe, ce qui n'était pas vraiment difficile. Armée d'une lame de rasoir à Frédo, j'inspectai les manteaux des élèves suspendus en rangées à des crochets, à la recherche de quelques beaux spécimens. Quelques ponctions de ce genre dans le couloir et notre stock commença à prendre belle tournure. Nous décidâmes donc de passer à l'action.

Imagine un peu le tableau ! Deux gamines d'une dizaine d'années, assises sur un bout de trottoir de l'avenue des Grésillons, une boîte métallique entre elles, par un beau jeudi après-midi alors qu'elles auraient dû normalement se trouver au patronage sous la surveillance du curé. Dès qu'un client potentiel se pointait à l'horizon, l'une de nous deux se levait avec la boîte et l'abordait d'un ton de miel : « Voulez-vous m'acheter des boutons, s'il vous plaît?» De quoi inspirer Jacques Brel!

La plupart des gens passaient sans même nous faire l'aumône d'un regard. Mais crois-le ou non, nous réussîmes quelques affaires, remplissant nos escarcelles de francs donnés à fonds perdus. Nous avions même un certain succès auprès des messieurs qui s'amusaient de notre culot de commerçantes en herbe et nous lançaient une piécette sans même écorner notre stock.

Après quelques orgies de bonbons bien méritées, nous abandonnâmes ce commerce à haut risque. Je n'ose imaginer la super dérouillée que j'aurais reçue si Louisette avait eu vent de mes ambitions de femme d'affaires.

Notre esprit sportif nous emportait parfois au-delà des limites acceptables. Je ne sais pas qui eut l'idée de ce douteux concours. En voici la substance: celle de nous deux qui subtiliserait la chose la plus volumineuse au marché des Grésillons serait la gagnante. Sans bien mesurer les conséquences d'un tel défi si nous nous faisions prendre, nous voilà parties, le cœur survolté d'adrénaline, dans les allées de l'immense hangar qui servait de marché public.

Martine gagna haut la main en réussissant à «sortir» une lessiveuse en zinc pour faire bouillir le linge. Je ne sus faire mieux que de chiper un minable balai-brosse appuyé à l'échoppe d'un droguiste. Que faire de nos trophées de chasse si encombrants? Impossible de les rapporter chez nous sans devoir fournir des explications et nous faire écorcher vives. Le plus discrètement possible, nous abandonnâmes nos prises sur le trottoir, à quelques mètres seulement du lieu du crime.

Nous avons récidivé une autre fois au moins et je peux t'en montrer la preuve. Pour la Fête des Mères, j'avais brodé un petit napperon à fleurs mais je n'étais pas assez riche pour acheter le mètre de dentelle nécessaire pour le border. Mon cadeau avait l'air tout nu, c'était inacceptable! Nous fîmes donc une nouvelle razzia au marché, chez un marchand de coupons dont j'avais repéré les rouleaux de croquet.

Entouré de sa petite dentelure rouge, mon napperon avait fière allure lorsque je l'offris à ma mère, sans un gramme de remords. Louisette l'aimait beaucoup et elle l'a gardé jusqu'à sa mort. Je l'ai retrouvé dans un de ses tiroirs, parfumé d'un brin de lavande, et je l'ai rapporté dans ma valise jusqu'à ce pays tout neuf qui ignore tant de mes prouesses.

L'événement que je vais te raconter maintenant mérite de figurer dans les annales de Gennevilliers. Tu vas pouvoir constater à quel point nous étions avant-gardistes... quelques années avant Mai 68.

S'il y a une matière scolaire que je n'ai jamais pu blairer, c'est bien la couture. Cette épreuve de force nous était infligée le samedi après-midi alors que nous étions fatiguées et irritables. Le professeur arrivait, un coupon de percale sous le bras. Elle déployait le tissu sur le bureau et en moins de deux, dans le craquement sec des fibres qu'on déchire, elle le transformait en petits carrés effilochés qu'une élève distribuait à toute la classe. L'éducatrice se chargeait ensuite de nous initier aux subtilités de la couture anglaise, du point de grébiche ou de l'ourlet à jours, raffinements absolument nécessaires à notre accomplissement de futures maîtresses de maison.

Il était fortement recommandé de se laver les mains avant de manipuler les précieux petits carrés bleu ciel, vert d'eau ou rose bonbon. Dos arrondis, mains crispées, nous nous acharnions pendant des heures interminables en « perlant » des points minuscules. Et dire qu'il y en avait certaines qui aimaient ça ! Ensuite, nous devions laver et repasser nos chefs-d'œuvre avant de les coller sur les feuilles noires d'un cahier spécial, valeureux témoin de notre science durement acquise. Mon cahier à moi était minable : échantillons collés de travers, taches suspectes, points irréguliers et grisâtres, fils mal comptés... c'était l'horreur totale !

Au cours de l'année du Brevet, en classe terminale, un nouveau prof de couture nous fut attribué. Je la revois encore : brune, vive, vêtue dans les règles de l'Art d'un petit tailleur bleu et d'un chemisier à jabot, le sac à main assorti aux chaussures. Elle arrivait tout droit de chez Patou, un des grands couturiers parisiens de l'époque, où elle avait commencé sa carrière comme ouvrière spécialisée. Son engagement comme professeur de couture était en quelque sorte une promotion :

meilleur salaire, sécurité d'emploi, horaires décents... Les artistes du chiffon vendaient leurs sublimes créations une fortune mais payaient leurs employés une misère. Elle connaissait son métier sur le bout du dé et se sentait de taille à nous transformer toutes en «petites mains». La pauvre malheureuse, elle venait de débarquer sur une autre planète!

Cette jeune dame était sûrement de première force pour broder des boutonnières mais elle manquait totalement de psychologie. Elle prit très vite conscience de notre scandaleuse ignorance en matière de Haute Couture... et des accoutrements pour le moins lamentables qui nous habillaient au quotidien. Son joli nez se fronça de dédain à la vue de nos jupes pendouillantes, de nos chandails tricotés avec des laines détricotées, de nos blouses au col incrusté d'une ligne de crasse et de nos bas en accordéon, maintes fois raccommodés.

Malgré toute sa science, nous ne manifestions aucun enthousiasme à la perspective d'une douzaine d'échantillons nouveaux et la promesse de pouvoir nous coudre un chemisier en fin de semestre nous excitait à peine plus. Elle choisit la manière forte et décida de nous mater. Au début, elle nous colla des retenues durant la récré. Ensuite, elle nous obligea à rester après la classe pour reprendre les infects échantillons jusqu'à un degré de perfection acceptable. Pas minutieuse pour une aiguillée de fil, j'étais son souffre-douleur attitré.

Nous sentions qu'elle nous méprisait et le climat se chargeait d'étincelles lorsque le samedi après-midi approchait. Comme une trollée de souris guettant un chat, nous attendions notre heure.

C'est dans cette ambiance harmonieuse que notre sémillante Parisienne se permit un jour d'affirmer que «les femmes qui s'habillaient elles-mêmes étaient la plupart du temps ridicules et mal fagotées». Elle conclut son petit speech en ajoutant que nous étions des cas désespérés et qu'elle perdait son temps avec nous. WOW!!! Elle avait frappé dans le mille. Nous sommes toutes restées sans voix.

D'accord! Nous étions pauvres et mal «fagotées» mais nous n'avions pas pour autant renoncé à toute coquetterie!

Était-ce ma faute si ma robe était plus longue devant que derrière? Et Martine y pouvait-elle quelque chose si les deux manches de son gilet n'étaient pas tout à fait de la même couleur? Le cours se termina dans un silence sinistre. Je me sentais insultée jusqu'à la moelle et des larmes de révolte mouillaient mon échantillon du jour. Martine était blême et tremblait de colère.

La situation explosa à la récréation. Martine et moi regroupâmes toutes les élèves de la classe au fond de la cour. Mon amie grimpa sur une borne du garage à vélos et se mit à haranguer notre petite foule. Ça ne pouvait plus durer! Par dignité, nous ne pouvions plus tolérer un mépris pareil. Cette greluche devait retourner au plus coupant à son univers de poupées de luxe!

Notre Passionnaria en herbe était convaincante. D'une voix vibrante d'indignation, elle nous enjoignit d'entreprendre une grève du zèle et imagina le scénario suivant: au prochain cours, nous devions toutes nous présenter avec notre matériel au complet et l'étaler, bien en vue, sur notre pupitre. Lorsque la demoiselle se présenterait à notre porte, nous devions nous lever avec respect et nous rasseoir quand elle serait bien installée. Ensuite, nous devions nous croiser les bras sans plus bouger d'un fil, dans un silence total.

Colette Cadiou, la pire lèche-cul que tu puisses imaginer, fit dissidence: il y avait sûrement moyen de parlementer, de négocier de meilleures conditions de travail. Nicole Drouot la seconda mais à elles deux, elles ne faisaient pas le poids. Elles se rallièrent à la majorité lorsque Martine jura de leur modifier le portrait si jamais elles faisaient un geste. Deux précautions valant mieux qu'une, je pris Colette Cadiou à part et lui affirmai *sotto voce* que je n'hésiterais pas à scalper sa tresse de cheveux si par malheur elle touchait à son nécessaire de couture. (Cette menace la troubla beaucoup car, quelques semaines plus tard, elle fit couper sa longue chevelure de blé, arborant une petite tête bouclée méconnaissable.)

Tout se passa exactement comme Martine l'avait prévu. Lorsque la jeune dame prit conscience du malaise à couper au couteau qui flottait dans la classe, elle rougit, pâlit, fit les cent pas de son bureau à la fenêtre, essaya de nous raisonner, – Voyons, Mesdemoiselles! – nous menaça des pires sévices, et s'abaissa jusqu'à nous supplier en versant quelques larmes. Personne ne se dégonfla. Je contrôlai Colette Cadiou de mon mieux en faisant claquer mes ciseaux et en lui jetant des regards assassins dès qu'elle se trémoussait un peu trop sur son banc.

À bout d'arguments, notre couturière sortit en claquant la porte et alla quérir la directrice. Ça allait barder! Madame Closange exigea des explications. Comme par hasard, toutes les têtes se tournèrent vers Martine qui se leva posément et affronta notre supérieure du haut de son mètre soixante, affirmant que nous ne reprendrions jamais nos travaux de couture avec CE professeur.

Le scandale fut énorme. Nous fûmes toutes punies, retenues une longue heure après la classe, debout dans le préau glacial. Mademoiselle Tessier, la maîtresse de français que nous adorions, nous expliqua avec des trémolos dans la voix à quel point notre insubordination était honteuse. Germaine Matheu, le prof de maths, ajouta sa tonne de sel en nous collant une ribambelle de racines carrées supplémentaires, propres à transformer notre dimanche en cauchemar.

L'inspecteur d'académie fut mandé d'urgence car nous refusions obstinément de reprendre l'aiguille malgré le déluge de punitions qui nous tombait dessus. Je présume aussi que les grands airs de notre cousette n'avaient pas dû lui assurer beaucoup de sympathie chez les autres professeurs. Toujours est-il qu'elle fut remplacée et disparut à jamais de notre univers ouvrier. J'imagine qu'elle retourna à ses somptueux falbalas.

Rude leçon, tu ne trouves pas? Pour une fois, Frédo me donna raison. Nous vivions dans un environnement dur et nos parents se battaient constamment pour améliorer leurs conditions de vie. Les communistes élus abreuvaient nos classes laborieuses d'une sémantique revendicatrice qui ne pouvait faire autrement que de nous influencer. Pas étonnant que nous ayons mis en pratique ce qui nous était seriné à longueur de discours «philosophiques».

J'appris à cette occasion ce qu'étaient le courage et le respect de soi. J'appris aussi que tout succès a son revers et que la justice n'est jamais totalement innocente. Ma belle Martine paya notre victoire d'un renvoi suspendu. En cas d'échec à son Brevet, elle ne serait pas autorisée à s'inscrire une autre année à l'école des Grésillons. On préférait qu'elle aille mener ses vendettas ailleurs. L'autorité bafouée des adultes ne pouvait supporter de lui donner raison.

Francine

CHAPITRE 30

Georgette et le théâtre

Nos professeurs avaient presque toutes un surnom. Il y avait « Boule à mites » en chimie, « Zébine » en français, « Sœur Particulièrement » en religion et « Miss Push-up » en éducation physique.

Pour Mademoiselle Maheu, nous n'avions rien trouvé. Elle était Mademoiselle Maheu, tout simplement.

Georgette Maheu enseignait l'anglais. Et parce qu'elle était en constante révolte contre l'intolérance des religieuses, nous l'aimions toutes et nous étions contentes d'assister à ses cours pour entendre sa voix rauque et zozotante réciter du Shakespeare et du Blake ou nous entraîner dans le merveilleux monde de Charles Dickens.

Nous avions déjà passé deux années à nous taper les temps de verbes, les 's pour les gens à qui appartenaient les choses, les mots identiques au français qui ne se prononçaient pas de la même façon. Nous allions maintenant être emportées par le maelström de l'anglais, dans un lacis de notions agréables qui allaient nous faire comprendre le sens, l'esprit même de cette merveilleuse langue. Ici, l'anglais était une nécessité vitale de par la place qu'occupait (et qu'occupe toujours) le Québec dans le Canada. Élevées dans un milieu très nationaliste, nous comprenions quand même que notre survie dépendait de la connaissance que nous avions de la langue de cette majorité qui nous entourait.

«Rien de mieux que d'engueuler les Anglais dans leur propre langue», répétait mon père, qui collectionnait les arguments et les bêtises les plus horribles à prononcer dans la langue de Shakespeare.

Georgette Maheu, quant à elle, nous apprit à aimer l'anglais pour sa beauté. Jamais elle ne nous parla de langue du travail ou d'hégémonie anglophone du Québec. Eût-elle seulement glissé le mot «nécessaire» que nous n'aurions pas suivi son enseignement avec autant de passion.

Notre professeur était grande et de forte constitution. Toujours vêtue de jolis costumes très colorés, elle faisait penser à un ara parmi une harde de pingouins. Elle n'était pas particulièrement jolie, avait une chute de nez à rendre jalouse Cléopâtre elle-même, des cheveux oxygénés sans lustre, une bouche rappelant le bec d'un canard et elle avait une armée de cheveux sur la langue. Sa peau était enduite de fond de teint très pâle épaissi à la poudre de riz et ses étonnants parfums de chez *Ogilvy's* nous transportaient à chaque inhalation comme dans le sillon d'une princesse berbère.

Notre affection très particulière pour Georgette Maheu tenait aussi au fait qu'elle nous enseignait le théâtre en périscolaire. C'était l'occasion d'établir avec elle des liens très particuliers, presque impossibles à nouer avec les religieuses. Elle nous invitait parfois chez elle, rue Fielding, à Notre-Dame-de-Grâce. Te rends-tu compte? Pénétrer dans l'antre d'une enseignante qui avait quasiment fait le tour du monde, être admises à examiner ses collections de statuettes, de masques et de poupées (qu'elle exhibait avec une pointe d'orgueil)... Célibataire dans la quarantaine, elle n'avait qu'un neveu et une nièce dont elle nous parlait comme s'ils étaient des nôtres. Quand elle allait m'annoncer un piètre résultat en grammaire anglaise, je n'avais qu'à glisser. «Et votre neveu, comment va sa bronchite?» pour que Mademoiselle Maheu sourie et se lance dans une longue palabre qui lui faisait oublier pourquoi elle m'avait fait mandé à son pupitre.

Puis, pour que j'améliore ma connaissance du lexique grammatical, elle me suggérait un livre à lire et me fixait un rendez-vous où je viendrais lui raconter mes impressions.

Je me souviens de *Little Women*, de *Tess of the d'Uberville* et des aventures de *Joseph Andrews* dont je me délectai, tout étonnée que ces lectures fussent des pénitences pour avoir été recalée aux tests d'évaluation.

Notre professeur nous enseigna aussi la poésie et nous fit composer quelques sonnets.

Pour Mademoiselle Maheu, nul besoin de ces énormes affiches où *John and Mary* nommaient les objets et les actions de la vie courante.

Nous nous foutions bien que John coupât la pelouse avec son truc (imprononçable) ou que Mary tartinât son gâteau de *ham* ou de *jam*. Ce que nous voulions, c'était apprendre sans être malades d'ennui.

Notre professeur avait compris. Elle nous faisait écrire des pièces à plusieurs personnages où, par exemple, une dame originale commandait un repas au restaurant en distribuant des coups de parapluie. Nous pouvions nous costumer, nous maquiller; toutes les fantaisies étaient permises. À chacun de ses cours, les travaux qu'elle nous proposait nous laissaient muettes d'étonnement.

Un jour, elle se mit dans la tête de nous enseigner des chants de Noël en anglais.

« *You will sing those carols for the people on Wellington Street. With the money you get from it, I will have a very big surprise for you* », nous avait-elle annoncé.

Par petits groupes de sopranos et d'altos, nous apprenions des chants familiers depuis longtemps, mais dont il fallait pour la première fois prononcer les véritables paroles.

Avec nos jolis cahiers aux couleurs de Noël, nous allâmes nous installer au coin de la rue la plus fréquentée de Verdun. Pour des centaines de magasineurs, le nez plissé sous les flocons de neige, les bras chargés d'étrennes, nous chantâmes les cantiques que nous avait appris Mademoiselle Maheu tout en remplissant du même coup notre caisse de fer blanc.

Qu'allions-nous faire avec tout cet argent?

Le lundi suivant, assises bien sagement devant notre professeur, nous apprîmes qu'avec la somme amassée, elle avait acheté les droits d'une comédie musicale intitulée *La Foire de Séville* comportant une trentaine de rôles. Celles d'entre nous qui avaient de belles voix, incarnerions un ou deux personnages. Je jouerais une vendeuse de fleurs ainsi que la *Senora Rosalba-del-las-pastillas-et-olivares-y-Patafiol*. Ce dernier eut un très grand succès; en effet, j'avais compris que le ridicule ne tue pas et que les rôles de composition me seyaient à ravir.

Je m'en suis, bien entendu, rappelé toute ma vie.

Mademoiselle Maheu nous initiait non seulement à la mise en scène mais aussi à l'art du maquillage, de l'éclairage, du costume et du décor, que nous fabriquions nous-mêmes.

Quant à moi, j'étudiais le chant avec un vieux professeur qui avait formé plusieurs vedettes de l'art lyrique au Québec. Il s'appelait Roger Filiatrault et donnait ses leçons au domicile d'une cantatrice bien connue aujourd'hui, Marie-Danièle Parent. À cette époque, elle portait des nattes et venait fourrer son petit nez rond dans l'entrebâillement de la porte du salon. Déjà, elle avait une voix merveilleuse. D'ailleurs, les demoiselles Parent chantaient toutes comme des sirènes.

À l'école, le théâtre était notre seule passion. Les examens de géométrie et de version latine en témoignaient régulièrement. Nos enseignantes religieuses acceptaient mal que les répétitions de théâtre aient plus d'attrait pour nous que les envolées verbales de Cicéron ou de Jules César. Il est vrai que les Catilinaires n'avaient plus de prise sur nous depuis que Georgette Maheu s'était mise à nous parler comme à des femmes et qu'elle riait de nos histoires drôles; qu'elle plissait les yeux pour déclamer le rôle à notre place avec drôlerie; qu'elle nous invitait chez elle à Notre-Dame-de-Grâce pour boire une limonade et relater les meilleurs moments de *La Foire de Séville*.

Non, jamais je n'oublierai Georgette Maheu.

Auprès d'elle, j'étais quelqu'un d'important parce que je la faisais rire. Parce qu'elle estimait que j'avais une très belle voix et que je ne serais jamais comme tout le monde.

Peut-être ressemblais-je un peu à la petite fille qu'elle avait été.

Somewhere over the rainbow
Way up high
There's a dream that I heard of
Once in a lullabye.
« The Wizard of Oz »

Angèle

CHAPITRE 31

La descente du Nil

Au primaire, Martine et moi faisions partie du club des «partisans du moindre effort». Pour nous, l'école était un mal nécessaire pour lequel il fallait dépenser le moins d'énergie possible, celle-ci étant beaucoup mieux utilisée dans les scénarios de jeux que nous inventions au fond de la cour, près du garage à vélos. Cependant, nous n'étions pas de vraies mauvaises élèves et nos talents étaient largement suffisants pour que nous «montions» en sixième.

L'entrée en sixième était une sorte de charnière dans notre vie. Tout changeait! Les institutrices se métamorphosaient en «professeurs», les rédactions devenaient des «dissertations» ou encore des «essais» et l'arithmétique (qui m'en faisait voir des vertes et des pas mûres) se parait aux couleurs inquiétantes des «mathématiques», englobant l'algèbre, la géométrie dans l'espace et la trigonométrie.

De nouvelles matières nous tombaient dessus: physique, chimie, sciences naturelles... Véritable, pénible et nécessaire ouverture aux autres, nous devions aussi apprendre l'anglais. (En ce qui me concerne, le mot «apprendre» est nettement exagéré et je comprends très bien pourquoi tu te gondoles à chaque fois que je risque trois mots d'anglais dans la conversation.)

C'est pendant les années de cette deuxième partie du premier cycle qui menait au Brevet que j'ai rencontré plusieurs professeurs qui ont littéralement changé ma vie. Permets-moi, chère Francine, de te présenter l'une d'elles.

Mademoiselle Fraval était professeur titulaire de français en sixième mais elle enseignait également l'histoire, la géographie et la morale. Elle avait très mauvaise réputation. Les gamines du primaire la craignaient comme la peste tandis que les grandes qui étaient passées par ses mains souriaient d'un air entendu lorsqu'on essayait de leur tirer les vers du nez à son sujet. Au premier abord, elle n'avait rien d'avenant. Elle n'avait pas d'âge. Grande jument maigre, habillée de tweed épais, son profil d'aigle était accentué par un chignon-banane argenté. Derrière ses lunettes cerclées d'or, ses yeux bleus étaient sévères. Elle ne tolérait pas la plus petite coquetterie. Geneviève Cunat en savait quelque chose, elle qui devait aller s'aplatir les cheveux à chaque fois qu'elle les crêpait et qui se fit menacer de renvoi le jour où elle se pointa à l'école en talons hauts.

Mademoise Fraval nous attendait de pied ferme. Les quinze premiers jours dans sa classe étaient un véritable enfer. Elle nous « cassait ». Plus question de pâtés, de lignes hésitantes, d'écriture bâclée, de traces de doigts ou de trous accidentels causés par un gommage énergique. C'était la tolérance zéro ! Nos cahiers devaient être impeccables : dates et titres soulignés, paragraphes en retrait, cursives formées en respectant l'espace réglementaire... elle était d'une intransigeance maniaque dans les petits détails. Les punitions pleuvaient au moindre manquement et la discipline de fer qu'elle nous imposait était tellement efficace qu'en moins d'un mois, elle pouvait se permettre de relâcher la pression. Elle nous avait bien en main.

Celle que nous appelions « Fraval », avec un brin de rancune, était un remarquable professeur. Dans sa vie solitaire, sans homme et sans enfants à elle, l'enseignement prenait des allures de sacerdoce. Chacun de ses gestes avait une portée pédagogique et avec elle nous apprenions sans nous en rendre compte. Après la classe, elle passait de longues heures à préparer ses cours du lendemain de façon à captiver notre attention et elle y réussissait parfaitement.

J'ai gardé beaucoup de souvenirs des mois passés en sa compagnie mais aucun ne m'est plus cher que son cours d'histoire de l'Égypte ancienne.

Au début du mois d'octobre, elle nous appâta en sortant de sa serviette un linge blanc qui semblait contenir quelque chose de fragile. Avec d'infinies précautions, elle déballa trois branches d'une verdure inconnue, semblables à des parasols miniatures. Nous n'avions jamais vu de papyrus auparavant. D'un air mystérieux, elle enfonça les trois parasols dans un bocal d'eau, queues en l'air, et plaça le tout sur le rebord de la fenêtre. Personne n'osa poser de questions et, dissimulant un sourire, elle ne nous donna aucune explication.

Un mois plus tard, l'eau du bocal était complètement rouillée et de fines radicelles blanches germaient au cœur des papyrus. Juste avant Noël, elle jugea que les racines étaient suffisamment longues et transféra le tout dans un pot de terre cuite rempli de terreau. En janvier, des petites pousses vert tendre déchirèrent la terre et Mademoiselle Fraval embarqua toute sa classe pour un enchantement sans retour à l'époque des pharaons.

Tout d'abord, elle nous parla du soleil qui donnait sa couleur au pays et du grand Nil dont les crues fertiles abritaient un jardin en plein cœur du désert. Elle nous raconta l'histoire du dieu Osiris et la quête de son épouse Isis, à la recherche de son corps en morceaux. Elle nous décrivit les splendeurs de Thèbes et de Memphis, nous emmena visiter les pyramides, les temples décorés de lotus, la mystérieuse vallée où les momies royales dormaient à jamais, enfouies dans le roc. Elle nous parla du grand Ramsès, d'Akhénaton le révolutionnaire et de la lumineuse Néfertiti dont la beauté avait traversé les siècles. Elle nous raconta l'étrange vie de la pharaonne Hatshepsout, l'usurpatrice du trône qui apparaissait à son peuple parée d'attributs masculins. Les faits et les dates s'inscrivaient dans nos têtes sans que nous ayons à faire le moindre effort.

Mais elle fit plus. Beaucoup plus! Sans l'aide de diapositives ou de vidéos (qui n'existaient pas encore), elle transforma littéralement la classe et, durant deux mois, en regardant grandir nos plants de papyrus, nous vécûmes au rythme des crues du Nil, oubliant totalement la Seine et ses paresseuses boucles grises.

Tout autour de la classe, elle colla sur le mur jaune une large bande de papier brun, couleur de sable cuit. Chaque élève y dessina un cartouche en hiéroglyphes de son choix, copié fidèlement dans un livre. De mèche avec le professeur de dessin, elle nous fit reproduire des fresques représentant les mille et une activités de la vie quotidienne des fellahs de cette époque. Je me souviens avoir réalisé une scène de chasse aux canards sur le Nil. Mon petit bateau glissait au milieu des lotus et des ombrelles de papyrus, conduit par deux hommes en pagne blanc dont le corps de pain d'épices contrastait joliment avec le turquoise des eaux.

Lorsque nous avions bien travaillé et qu'il restait un peu de temps avant la fin des cours, elle fermait les grands rideaux de toile des fenêtres et ouvrait un petit livre : c'était l'histoire de Carter, découvrant le tombeau de Toutankhamon. Dans la pénombre de la classe, entourée de fresques et de hiéroglyphes, j'étais au cœur même de l'action. La gorge serrée par l'émotion, je descendais marche après marche vers le tombeau inviolé du jeune roi ; j'ouvrais l'une après l'autre les salles aux trésors oubliés et je me mourais d'impatience dans la chambre mortuaire. Endormie dans ses sarcophages successifs, la momie était-elle intacte ? Et lorsque les morts suspectes commencèrent à foudroyer les membres de l'équipe de Carter, je tremblai de peur que la malédiction du pharaon ne me rejoigne, moi aussi. Cette année-là, j'ai passionnément voulu devenir archéologue. Quelque part dans la Vallée des Rois, un cobra royal m'attendait pour me guider vers un éboulis anonyme sous lequel dormait une reine.

Mademoiselle Fraval était une magicienne. Dans le feu du récit, elle enlevait ses lunettes. Des petites bouclettes s'échappaient de son chignon blanc et ses yeux bleus étincelaient. Elle devenait presque belle et, à chaque fois, j'étais subjuguée par cette métamorphose.

À la voir si différente soudain, je compris qu'il y avait bien autre chose derrière les faits historiques et les récits qu'elle nous en faisait. Pendant des siècles, une grande civilisation avait palpité, évolué, aimé et souffert sous le chaud soleil d'Égypte avant de s'étioler dans la décadence puis de disparaître. Je pouvais encore l'entendre, l'imaginer, la toucher... presque la sentir. Les mots avaient-ils tant de puissance ? Les livres étaient-ils les gardiens de la grandeur enfuie ? La connaissance était là, à ma portée, n'attendant que mon bon plaisir. Par elle, j'allais non seulement aborder sur les rivages inconnus de l'Histoire et de la Littérature mais j'allais aussi apprendre à me connaître, à me situer dans ma propre époque, à apprécier ces racines culturelles qui étaient miennes et qui dépassaient de beaucoup celles de ma famille... C'était fabuleux !

Mon cicérone aux cheveux blancs m'avait fait le cadeau d'une clé d'or. Trop jeune pour le comprendre alors, je n'ai pas su la remercier. Grâce à elle, l'Égypte est inscrite dans toutes les molécules de ma mémoire. Je ne suis jamais allée au pays des pharaons mais j'ai descendu le Nil bien souvent sur la felouque de Mademoiselle Fraval.

Ma vieille maîtresse est partie depuis longtemps au pays des ombres mais je sais qu'elle m'attend pour un dernier rendez-vous. À l'ombre du grand Sphinx, je dessinerai sur le sable le symbole du dieu Râ. Je prendrai dans mes mains une poignée de poussière que je lancerai dans le ciel en prononçant son nom. Alors, Horus emportera son fantôme au-dessus des eaux limoneuses du Nil... il lui ouvrira son royaume et j'aurai enfin payé ma dette.

ÉPILOGUE

Qu'il nous soit permis de rajouter quelques mots pour vous confier tout le plaisir que nous avons eu à dépoussiérer nos souvenirs et à vous les faire partager ; tout en espérant vous rebrancher sur vos propres aventures.

Un certain cérémonial s'est créé autour de ce livre. Chaque fois qu'un chapitre était achevé, nous organisions un tête-à-tête pour en faire une lecture à haute voix. Nous nourrissons toutes les deux quelques beaux élans dramatiques ou humoristiques qui ont trouvé pleinement à s'y exprimer. Nous avons donc découvert « l'autre face du monde » par la voix de l'amitié. Que de rires ont présidé à ces séances de lecture. Que d'émotions aussi. Peu de choses sont meilleures que la nostalgie lorsqu'elle est dépouillée d'agressivité et d'attentes vaines.

Étranges, tout de même, ces similitudes entre deux enfances si éloignées dans l'espace et dans le temps. Mêmes espoirs, mêmes détresses, mêmes faiblesses, mêmes dons... Rien d'étonnant à ce que nous nous soyons reconnues et adoptées comme complices, au-delà de nos dissemblances.

Dans ce monde où l'ego règne en maître et où chaque écrivain a déjà bien du mal à se créer une place pour lui-même, choisir l'écriture à quatre mains comporte un bon nombre de pièges et de risques. Nous le savons depuis le début. C'est avec humilité que nous nous sommes lancées dans l'entreprise, conscientes de l'originalité de notre démarche et de la disparité de nos styles d'écriture, susceptibles de prêter le flanc à la critique et à la comparaison. Nous avons choisi de rester fidèles à nos racines tout autant dans ce que nous avons raconté que dans notre façon de le faire. Et tant pis si certains y trouvent à redire !

Baby-boom blues est une œuvre à deux âmes, un enfant à deux mères qui doit maintenant voler de ses propres ailes. Nous lui avons donné le meilleur. Sans compter et sans tricher. Comme tous les rejetons, il nous apportera sans doute fiertés et déceptions. Nous nous y attendons. Notre amitié saura y survivre. En l'écrivant, nous avons souhaité avec ferveur que vous vous reconnaissiez, que ce voyage dans les mots devienne le prétexte à de joyeuses retrouvailles avec vous-même et, pourquoi pas, à d'émouvantes réconciliations. Ce livre nous a apporté infiniment de bonheur et nous n'avons d'autre ambition que d'amener cette joie jusqu'à vous.

« Encore un p'tit café, ma Francine ?

— D'accord, mais juste un sucre... je suis au régime !

— Est-ce que je t'ai raconté la fois où j'ai envoyé une lettre d'amour anonyme au garçon que j'aimais sans vouloir le rencontrer par la suite ?

— Pas vrai ! T'étais drôlement « nounoune » en ce temps-là, ma grande Française. Pas comme aujourd'hui, hein ? Ça me rappelle...

Déjà fini ? Pourtant, il y aurait encore tant de choses à raconter.

F.A. et A.D.

Table des matières

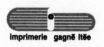

imprimerie gagné ltée

IMPRIMÉ AU CANADA